122 dúvidas
e as escolhas
CERTAS
que mudarão a sua vida

122 dúvidas e as escolhas certas
que mudarão a sua vida

Tradução
Rodrigo Peixoto

HILLY JANES

AGIR

© 2013, by Michael O'Mara Books Limited 2012

Direitos de edição da obra em língua portuguesa no Brasil adquiridos pela AGIR, selo da EDITORA NOVA FRONTEIRA S.A.Todos os direitos reservados. Nenhuma parte desta obra pode ser apropriada e estocada em sistema de banco de dados ou processo similar, em qualquer forma ou meio, seja eletrônico, de fotocópia, gravação etc., sem a permissão do detentor do copirraite.

EDITORA NOVA FRONTEIRA PARTICIPAÇÕES S.A.
Rua Nova Jerusalém, 345 – Bonsucesso – 2104-2235
Rio de Janeiro – RJ – Brasil
Tel.: (21) 3882-8200 – Fax: (21) 3882-8312/8313

CIP-Brasil. Catalogação na fonte.
Sindicato Nacional dos Editores de Livros, RJ.

J33c   122 dúvidas e as escolhas certas que mudarão a sua vida / Hilly Janes; tradução Rodrigo Peixoto. – 1. ed. – Rio de Janeiro: Agir, 2013.
192 p.

Tradução de: Latte or Cappuccino? 125 decisions that will change your life
ISBN 978852201421-7

1. Técnica de autoajuda 2. Relações humanas 3. Mudança (Psicologia) I. Título.

13-00489

CDD: 158.1
CDU: 159.947

Sumário

Introdução 13

ANTES DE QUALQUER COISA 17

Refresque-se
    Chuveiro ou banheira? 19
    Soluções rápidas ou duradouras para a depilação? 20
    Subir na balança ou medir a cintura? 22
    Enxaguante bucal ou fio dental? 23
    Escova de dente normal ou elétrica? 24
    Pasta de dente normal ou branqueadora? 24
    Desodorantes e antitranspirantes: spray, roll-on ou *stick*? 25
    Hidratantes e bases com ou sem protetor solar? 27
    Hidratantes de manhã ou à noite? 27

Hora de se vestir
    Legging ou meia-calça? 29
    Salto alto ou sapato rasteiro? 29

Atividades extras
    Exercícios pela manhã ou à noite? 32
    As crianças devem ver televisão de manhã ou à noitinha? 33

HORA DO CAFÉ DA MANHÃ 35

O que beber

Bebidas com cafeína ou descafeinadas? 37
Suco feito na hora ou de polpa congelada? 38

O que comer

Cereais ou ovos? 40
Multigrão ou integral? 41
Iogurte normal ou probiótico? 42
Manteiga ou produtos para untar? 43
Torrada com Nutella ou *croissants* de chocolate? 43
Muesli ou granola? 44

Suplementos saudáveis

Suco de acerola ou suplemento? 45
Cápsula de óleo de peixe ou um polivitamínico? 46
Contra resfriados: zinco ou equinácea? 47

O SEU DIA DE TRABALHO 49

Chegando lá

Caminhar ou pedalar? 51
Pedalar com ou sem capacete? 52

No trabalho

E-mail ou conversa? 54
E-mail complicado: responder imediatamente
 ou mais tarde? 55

Administrando o seu tempo

Perfeccionismo ou suficientemente bom? 58
Fazer uma lista ou várias? 58
Manter o foco ou sonhar acordado? 59
Delegar ou fazer tudo sozinho? 60

    Reunir-se com colegas ou trabalhar de forma independente? 61
    Dizer sim ou não? 62

Lidando com colegas de trabalho
    Culpar os outros ou seguir em frente? 64
    Pedir desculpas ou não dizer nada? 65
    Aceitar ou tentar reverter decisões? 66
    Alimentar uma fofoca ou ficar calado? 66
    Preparar café só para você ou para todo mundo? 67

BELISCANDO 69

O que comer e beber
    Café com leite ou cappuccino? 71
    Bolinho ou muffin? 72
    Suco de fruta ou smoothie? 73
    Smoothie ou fruta? 74
    Laranja ou kiwi? 74
    Amendoim ou outras oleaginosas com passas? 74
    Refrigerante light ou barra de chocolate? 76

ALMOÇO 77

O que comer
    Almoço ou jantar farto? 79
    Wrap ou baguete? 80
    Maionese ou manteiga? 81
    Sopa ou salada? 81
    Sushi ou sashimi? 82

O que beber
    Água com ou sem gás? 84

Saindo do escritório

Fazer exercícios em ambiente fechado ou ao ar livre? 86
Encontrar-se com um amigo ou comer sozinho? 87
Nadar ou correr? 88
Usar ou não protetor solar? 89

SAINDO À NOITE 91

O que fazer

Fazer a mesma coisa ou algo diferente? 93
Velhos ou novos amigos? 94

O que beber e comer

Para não beber de estômago vazio: sanduíche ou iogurte? 95
Pipoca doce ou salgada? 96
Amendoim ou batata chips? 97
Azeitona verde ou preta? 98
Vinho ou gim-tônica? 98

Dicas para encontros amorosos

Primeiro encontro: bebidas ou jantar? 100
Tocar ou não tocar? 101
Camisinha: antes ou depois? 101

Comer fora

Chinês ou indiano? 104
Pão de alho ou bruschetta? 105
Hummus ou taramasalata? 106
Salada como entrada ou só o prato principal? 106
Macarronada ou pizza? 107
KFC ou McDonald's? 108
Kebab de carne ou de frango? 109
Vinho tinto ou branco? 109

NOITES EM CASA 111

Comprando comida

    Orgânico ou não orgânico? 113
    Com baixo teor de gordura ou light? 114
    "Data de validade" ou "melhor se consumido até..."? 115
    Alimento congelado ou refrigerado? 116

Hora do jantar

    Jantar mais cedo ou mais tarde? 118
    Comer todo mundo junto ou separado? 119
    Cru ou cozido? 121
    Brócolis ou espinafre? 121
    Tomates ou estatina? 123
    Azeite de oliva ou óleo de girassol? 123
    Cozinhar com vinho ou caldos? 124
    Pesar as porções ou adivinhar o peso? 125
    Uma fatia de cheesecake ou biscoito com queijo? 126
    Tangerina ou banana? 127

Vida doméstica

    Fazer o trabalho doméstico ou contratar alguém? 128
    Lavar roupa a 30°C ou 60°C? 129
    Ver televisão ou jogar videogame? 130
    Discutir com o(a) parceiro(a) ou não falar nada? 131

ENCERRANDO O DIA 133

O fim do dia

    Lavar o rosto com água e sabonete ou com tônico? 135
    Banho à noite ou pela manhã? 136
    Anotar o que comemos ou fazer uma lista de coisas positivas? 136
    Fazer amor ou dormir? 137
    Insônia: continuar na cama ou se levantar? 138

FIM DE SEMANA 141

Cuide-se

Dormir até tarde ou acordar cedo? 143
Churrasco no domingo ou pão com queijo? 144
Sorvete ou picolé? 145

Compras

Comprar ou fazer alguma coisa? 147
Comprar pela internet ou em lojas físicas? 148
Pagar com dinheiro ou cartão de crédito? 148
Um presente para você ou para outra pessoa? 149

Não fique parado

Fazer mil coisas ao mesmo tempo ou
  uma de cada vez? 151
Limpar as janelas ou lavar o carro? 152
Passar o aspirador de pó ou aparar a grama? 152
Exercício físico: tudo de uma vez ou aos poucos? 153
Correr em terreno plano ou ladeiras? 154
Correr descalço ou de tênis? 154
Arnica ou bolsa de gelo? 155
Energéticos e isotônicos ou suco de fruta? 156
Arrepender-se ou deixar para lá? 157

FILHOS 159

Bebês e crianças pequenas

Papinha comprada pronta ou feita em casa? 161
Deixar que os bebês chorem ou reconfortá-los? 162
Bebês na cama ou no berço? 163
Canudinho ou pequenos goles de bebida? 164
Milk-shake ou sorvete? 164
Uma atividade esportiva ou várias? 165

Adolescentes
    Computador e televisão no quarto ou na sala? 167
    Dormir até mais tarde ou acordar cedo? 168

E finalmente...
    Dizer sim ou não? 170

INFORMAÇÕES SECRETAS SOBRE NUTRIÇÃO 171

    Ingestão Diária Recomendada (IDR) 173
    As verdades sobre as gorduras 174
    As verdades sobre o sal 176
    As verdades sobre o açúcar 177
    Alto ou baixo? 178
    Vitaminas e minerais 179

Agradecimentos 181

Fontes consultadas 183

Introdução

Se você está em forma, faz muito exercício, dorme bem, está sempre em dia com suas obrigações e nunca briga com filhos, esposa ou marido, esqueça este livro.

No entanto, se você se considera razoavelmente saudável, mas gostaria de perder um pouco de peso, se algumas vezes se sente sobrecarregado e ansioso com tudo o que precisa resolver, se é dessas pessoas que acham que o relacionamento com familiares, amigos ou colegas de trabalho poderia ser muito melhor, este é o livro perfeito para você.

Ele chegou para simplificar as decisões que somos obrigados a tomar no dia a dia. Tem como base pesquisas médicas consistentes, conselhos dos especialistas mais confiáveis, o senso comum e a minha experiência de trabalhar (grande parte em tempo integral) ao mesmo tempo que cuidava da família. Como escritora e editora de jornais famosos e revistas especializadas em estilo de vida, família e saúde, tive a sorte de trabalhar com os profissionais mais destacados no assunto. O objetivo aqui é compartilhar o conhecimento que adquiri durante todo esse tempo, desde o que a neurociência diz sobre o funcionamento do cérebro até a razão de os sapatos sem salto não serem necessariamente ideais para os pés.

Este livro de fácil leitura engloba algumas decisões que podem revolucionar nossa saúde e bem-estar, da primeira hora da manhã ao fim da noite. Chuveiro ou banheira? Terminar um trabalho ou delegá-lo a um colega? Correr ou nadar? Vinho ou gim-tônica? Macarronada ou pizza? Discutir com o(a) parceiro(a) ou não falar nada?

Tudo bem, sei que vivemos afogados num mar de conselhos para termos uma vida melhor e mais saudável, que somos frequentemente bombardeados por dicas de profissionais de saúde, de gurus de relacionamentos, da indústria de alimentos, bebidas e artigos esportivos, mas esses conselhos podem ser muito confusos e parecem mudar a cada minuto. Em parte, isso acontece porque a medicina não para de evoluir e, embora ninguém queira tomar remédios ou se submeter a tratamentos que ainda não foram rigorosamente testados, a expressão "os estudos demonstram que" levanta muitas dúvidas: quem patrocinou tais estudos? Um laboratório com interesses obscuros? Como e de quem foi coletada a informação? Os resultados publicados incluem alguma descoberta negativa? Foi com tais perguntas em mente que busquei fontes mais criteriosas (todas listadas entre as páginas 19 e 170) para fundamentar as decisões incluídas neste livro e oferecer aos leitores uma estimativa real das informações disponíveis.

Um dos meus objetivos é desmistificar as mensagens confusas que recebemos das indústrias de alimentos e bebidas. Rótulos que contenham "saudável" e "natural" soam como informações positivas, mas na verdade significam muito pouco. As empresas alimentícias e os supermercados querem nos ver comendo e bebendo mais, e nos oferecem comidas gostosas e em geral repletas de ingredientes baratos e industrializados, capazes de gerar uma boa margem de lucro. Ao mesmo tempo, o mercado de fast-food nos oferece porções cada vez maiores, geralmente com pouca diferença de preço. O problema é que a parte mais primitiva e gulosa do nosso cérebro acha difícil resistir às porções a mais. Quando tudo isso é combinado com o nosso estilo de vida cada vez mais sedentário, não é de se estranhar que 60% das pessoas estejam acima do peso. A má alimentação aumenta o risco de doenças cardíacas, diabetes e alguns tipos de câncer, mas este pode ser reduzido, e até revertido, mudando a forma como comemos, bebemos e nos exercitamos.

A boa notícia é que este livro está repleto de exemplos para empreender tais mudanças ao ingerir menos comida e escolher bebidas capazes de fazer muita diferença no número de calorias que consumimos, bem como na quantidade de gordura, açúcar e sal — fatores capazes de inclinar a balança em direção aos problemas de saúde se não prestarmos atenção na quantidade que ingerimos. Alguns fatos e números nutricionais, de fácil entendimento, são apresentados no final do livro, a partir da página 171, para que você possa entender os pontos básicos. Incluí também dicas de como incrementar a quantidade ou o tipo de exercício que você pratica, a fim de mantê-lo motivado, mesmo que o seu esporte favorito seja pular e se agachar na frente de uma televisão.

Por outro lado, é possível que você esteja em ótima forma, mas precise de uma ajudinha nos relacionamentos ou em outros problemas. O trabalho de alguns psicólogos, psicoterapeutas e consultores, bem como de grande parte dos terapeutas alternativos, ainda não foi regulamentado por lei, por isso os seus conselhos talvez não estejam amparados por qualificações apropriadas ou por códigos de conduta, o que pode ser um risco. Por isso escolhi fontes confiáveis, como estudiosos que desenvolvem pesquisas sérias e associações profissionais rigorosas, para corroborar os meus conselhos.

Pense que este é um livro de receitas. Ele foi projetado para que você navegue com facilidade, escolhendo os assuntos do seu interesse, que de fato funcionariam na sua vida. Talvez você já tenha tomado algumas das decisões indicadas, mas espero que aceite novas sugestões e descubra vários ingredientes para uma vida mais feliz e saudável.

ANTES DE QUALQUER COISA

Começar mal a manhã pode causar irritação e ansiedade durante todo o dia. Imagine a cena: você não consegue encontrar a roupa certa, acabou o leite e um dos seus filhos não fez o dever de casa. Resultado: estresse sem fim. Saiba que uma rotina simples é perfeita para que você consiga enfrentar tudo o que vier pela frente.

Refresque-se

As decisões da sua rotina matinal talvez sejam ditadas pela pressa, enquanto você e os outros membros da família fazem fila para usar o banheiro. A boa notícia é que grande parte dessas escolhas podem ser tomadas rapidamente, poupando tempo.

CHUVEIRO OU BANHEIRA?

Você já parou para pensar por que os escandinavos, depois de uma sauna quente, mergulham em água congelada? Eles fazem isso para ajudar a circulação, pois o calor traz o sangue à superfície do corpo e o frio o leva de volta para dentro. Por que não abrimos o chuveiro e ajustamos a temperatura da água para melhorar a nossa circulação? Fazendo isso, também bombeamos sangue para o cérebro, pois a nossa cabeça fica exposta aos jatos de água. Aliás, direcionar a água quente para os músculos doloridos ou rígidos funciona como uma espécie de massagem.

Um banho de cinco a dez minutos pode hidratar a pele. No entanto, de acordo com a Academia Norte-Americana de Dermatologia, se passarmos muito tempo debaixo d'água, a nossa pele pode ficar ainda menos hidratada do que estava antes. Para balancear os efeitos de um banho demorado, a Academia recomenda usar sabonete com hidratante ou óleo para banho, e depois, com o corpo seco, aplicar um creme ou loção hidratante na pele ainda úmida.

Uma chuveirada, dizem os gurus do estilo de vida, gasta menos água — e a água é um recurso natural precioso frente ao crescimento da população mundial e ao aumento da demanda dos países em desenvolvimento. No Reino Unido, onde a higiene pessoal é responsável por um terço do total de água consumida pela população, economizar o máximo possível faz sentido. Como destaca o Departamento de Meio Ambiente, Alimentação e Assuntos Rurais também do Reino Unido, uma chuveirada costuma consumir nove litros de água por minuto. Se tomássemos um banho de mais de dez minutos, usaríamos mais água do que cabe numa banheira (o padrão é cerca de oitenta litros). Quem estiver mais preocupado com a ecologia pode entrar na internet e procurar contadores de tempo para o banho e arrumar alguns baldes para armazenar a água desperdiçada, que poderá ser usada no jardim ou no banho dos cachorros, deixando o uso do chuveiro mais eficiente ainda. Claro que estas não são boas notícias para os amantes dos banhos longos e relaxantes.

RESPOSTA: chuveiro

SOLUÇÕES RÁPIDAS OU DURADOURAS PARA A DEPILAÇÃO?

São tantas as maneiras de lidar com os pelos das pernas, axilas, virilha e rosto, cada uma com seus prós e contras, que é complicado dizer qual é a certa. Para uma solução imediata, as lâminas são rápidas e convenientes para pernas e axilas, mas você não as usaria na virilha nem no rosto, certo? Lâminas podem causar irritação, cortes e até infecções, caso não sejam mantidas limpas. Depile-se na direção do crescimento do pelo, sempre com a pele úmida. Aliás, por que não usar um gel de barbear? E não se esqueça de aplicar hidratante depois, para manter a pele suave e sedosa.

Quanto às supostas soluções mais duradouras, os cremes depilatórios, embora complicados e demorados de usar, são a melhor opção para áreas menores e mais sensíveis. Eles dissolvem os pelos, transformando-os numa substância gelatinosa que pode ser removida facilmente, e contêm hidratantes para suavizar a pele. Embora a química deles costume ser fedorenta, a indústria cosmética está conseguindo mascarar este inconveniente usando fragrâncias e desenvolvendo outros produtos, como roll-ons, sprays e variedades que podem ser usadas no chuveiro. Lançando mão dessas técnicas, os pelos voltam a crescer mais finos, porém não mais lentamente do que com o uso de lâminas, e os cremes podem causar irritações ou reações alérgicas. Antes de usá-los, faça sempre um teste numa pequena área da sua pele. Aliás, eles são complicados de usar, consomem mais tempo e ainda são mais caros que as lâminas.

Usar cera é bom, pois ela arranca os pelos desde a raiz. Mas que dor! Para as mais medrosas, a melhor escolha é ir a um centro estético — mas eles são caros e demorados. O mesmo pode ser dito dos tratamentos a laser e eletrólise.

RESPOSTA: use lâmina (onde for apropriado)

Você sabia...

...que as lâminas para depilar pernas e axilas não fazem com que os pelos cresçam mais rápido do que os cremes ou as loções? No entanto, usando lâminas os pelos crescem mais duros, pois são cortados num certo ângulo. Cremes e loções, por outro lado, dissolvem os pelos, fazendo com que cresçam mais suaves. Em geral, os pelos de uma pessoa crescem de 1 a 1,25cm a cada 28 dias.

SUBIR NA BALANÇA OU MEDIR A CINTURA?

Se você está controlando seu peso e sobe na balança todas as manhãs, não seria melhor pegar a fita métrica para saber se de fato está emagrecendo? Os especialistas estudam exaustivamente este tema por causa da preocupação internacional com a obesidade, e os resultados podem ser confusos.

Uma forma de saber se você está ou não acima do peso é calcular o Índice de Massa Corporal (IMC), que é a relação entre peso e altura. Para calcular, divida o seu peso em quilos pelo quadrado de sua altura em metros. Várias páginas da internet fazem isso por você, basta digitar "IMC" no Google. Um índice entre 18,5 e 25 indica o peso ideal.

Alguns médicos dizem que a circunferência da cintura é a forma mais confiável para definir o excesso de peso. A gordura abdominal é um verdadeiro sinal de perigo. Uma barriga gordinha costuma esconder órgãos com gordura, e, caso se trate do fígado, isso pode ser algo muito perigoso.

Embora um estudo de março de 2011, feito por pesquisadores britânicos, discorde desse dado, outro estudo mais recente, realizado em junho de 2011 nos Estados Unidos, diz que a medida da cintura é o indicador mais confiável de problemas relacionados à obesidade, como os distúrbios do coração e diabetes. Qualquer valor acima de 80cm para mulheres e 94cm para homens aumenta o risco. Você não sabe quanto mede a sua cintura? Localize a ponta do seu osso do quadril, depois a última costela e passe a fita métrica bem no meio desta área, próximo ao seu umbigo.

Que método escolher? Para calcular o IMC você precisa ser bom em fazer contas de cabeça ou ter acesso a uma calculadora. Além disso, talvez seja importante admitir que o seu jeans está ficando apertado e pegar uma fita métrica. Das duas maneiras você saberá se precisa perder peso. Eu já escolhi a técnica que me parece mais fácil.

RESPOSTA: circunferência da cintura

ENXAGUANTE BUCAL OU FIO DENTAL?

Os enxaguantes bucais são refrescantes e práticos, mas não há muitas provas de que realmente melhorem a saúde da boca, embora os que contêm o antisséptico clorexidina sejam capazes de combater certas infecções. Mas eles devem ser usados durante períodos curtos, pois podem manchar os dentes. Há algumas provas, porém, de que os enxaguantes podem aliviar temporariamente o mau hálito e de que os movimentos de bochecho e cuspidela podem limpar restos que permanecem na boca após a escovação.

O fio dental é unanimemente recomendado pelos dentistas para a remoção de placas e bactérias, e os enxaguantes não o substituem. Use o fio dental em movimentos de vai-vém, para frente e para trás, não de cima para baixo, pois isso pode machucar as gengivas. O ideal é usar o fio dental ao menos uma vez por dia, de preferência antes de dormir. No entanto, caso você se esqueça de usá-lo à noite, use-o na manhã seguinte. Caso não se adapte ao fio dental, experimente as escovas interdentais disponíveis em farmácias.

RESPOSTA: fio dental

ESCOVA DE DENTE NORMAL OU ELÉTRICA?

As escovas de dente tradicionais não são necessariamente ruins. De acordo com a Associação Dental Britânica, o importante é a maneira como escovamos os dentes: faça pequenos movimentos circulares. A escova elétrica facilita e muito o trabalho. Caso compre uma com timer, você provavelmente atingirá os dois minutos mínimos recomendados à escovação. A Cochrane Collaboration (uma respeitada organização internacional que revisa sistematicamente as pesquisas de saúde) fez um resumo dos estudos sobre o tema comparando as escovas elétricas. Segundo esses estudos, as que oscilam a rotação (quando a cabeça da escova gira numa direção, depois na outra) reduzem a gengivite e ajudam na remoção de placas. Alguns dentistas recomendam que as crianças usem os modelos tradicionais, a menos que a sua escovação seja supervisionada. Sozinhas, elas poderiam apenas deslizar a escova no interior da boca, e não limpar cada um dos dentes lentamente — o que é muito pior.

RESPOSTA: elétrica

PASTA DE DENTE NORMAL OU BRANQUEADORA?

Os fabricantes de pasta de dente fazem todo tipo de anúncio para os seus produtos, mas a verdade é que não existe muita diferença entre eles. As pastas branqueadoras são mais abrasivas que as normais e, embora causem ligeiras melhoras em algumas pessoas, podem danificar os dentes. O ingrediente essencial das pastas de dente é o flúor contra a cárie. Existem tratamentos caseiros para o clareamento, mas eles costumam conter água sanitária e devem ser feitos com cuidado. Se você quer de fato clarear os dentes, procure um dentista.

RESPOSTA: normal

Você sabia...

...que o flúor é um produto químico extremamente poderoso, capaz de danificar os dentes das crianças antes mesmo de se romperem, causando fluorose dentária? O resultado é uma desfiguração dos dentes, problema que não pode ser tratado, só mascarado pela odontologia estética na idade adulta. Os fabricantes preparam pastas com sabor de frutas para incentivar as crianças a escovar os dentes, mas apenas uma pequena quantidade de flúor é necessária para protegê-las da cárie. Portanto, é essencial que as crianças pequenas cuspam em vez de engolir a pasta, pois o dano é interno, ainda antes do nascimento dos dentes, e não superficial.

DESODORANTES E ANTITRANSPIRANTES: SPRAY, ROLL-ON OU *STICK*?

Os desodorantes e antitranspirantes estão disponíveis de muitas formas e têm propósitos distintos. Os desodorantes lidam com o cheiro que a bactéria da pele cria em nossas axilas. Os antitranspirantes fazem a mesma coisa, além de prevenir o suor. Se você não transpira muito, um desodorante será suficiente. Um estudo dinamarquês revelou que a fragrância do desodorante é mais propensa a causar reações alérgicas do que as presentes em outros produtos. Portanto, é melhor escolher uma marca que use componentes vegetais em vez de fragrâncias químicas, ou então um desodorante sem cheiro.

Os antitranspirantes funcionam bloqueando os poros da pele, sobretudo graças ao uso de sais de alumínio. Os temores de que poderiam causar danos à saúde parecem infundados, embora certos produtos com alumínio causem manchas amarelas nas roupas. Procure as marcas com pouco ou nenhum alumínio. Se você não gosta da ideia de aplicar produtos químicos na pele, experimente marcas que usem ingredientes naturais, disponíveis em lojas de produtos naturais e orgânicos.

Os desodorantes e antitranspirantes em spray tinham má fama porque o seu mecanismo incluía CFCs (clorofluorcarbonetos) — substância que contribui para a destruição da camada de ozônio, a barreira que nos protege dos raios nocivos do Sol. Mas os CFCs foram proibidos em 1994 e deixaram de ser uma preocupação. No entanto, os alarmes voltaram a soar quando os desodorantes e antitranspirantes foram associados ao câncer de mama, hipótese completamente afastada por várias revisões confiáveis da pesquisa que disseminou a dúvida.

A desvantagem dos sprays — e qualquer pessoa com filho adolescente pode confirmar isso — é que eles são menos precisos e lançam uma nuvem de odores pelo banheiro. Além disso, costumam ser grandes e sujeitos ao controle de bagagem das companhias aéreas, o que pode ser uma chateação quando você sai de férias. Os roll-ons, que o Serviço Nacional de Saúde Britânico afirma serem mais eficientes que os sprays, costumam ser menos espalhafatosos, mas demoram mais a secar, aumentando o risco de manchar a sua roupa.

Os chamados *sticks* (ou em bastão) — que parecem batons gigantes e são os mais populares nos Estados Unidos — não apresentam os problemas dos sprays e dos roll-ons. Eu, por experiência própria, digo que eles não têm nenhum inconveniente e podem ser encontrados em supermercados e farmácias, mas vale a pena procurar marcas com ingredientes naturais em lojas especializadas.

> **RESPOSTA:** *stick* (em bastão)

HIDRATANTES E BASES COM OU SEM PROTETOR SOLAR?

Cosméticos com protetor solar podem parecer enganação. No entanto, é muito importante ter cuidado com o poder dos raios ultravioleta do Sol (UVA), pois são eles os que nos causam danos.

Os raios UVA estão presentes durante todo o ano. Eles danificam a pele por baixo da camada superficial, causando envelhecimento precoce e podendo aumentar o risco de câncer de pele. A proteção contra os raios UVA é indicada por +, ++ ou +++. Prefira sempre produtos com proteção UVA++ ou UVA+++.

Durante os meses de verão, a incidência de raios UVA é maior e pode causar queimaduras, envelhecimento precoce e câncer de pele. Portanto, é uma boa ideia usar cosméticos que contenham proteção solar fator 15 ou mais para nos proteger desses raios prejudiciais. Não há substituto para a alta proteção necessária durante as férias de verão, por exemplo, mas qualquer ajuda é bem-vinda.

(Para saber mais sobre proteção solar leia em Almoço, na página 77.)

> **RESPOSTA:** com protetor solar

HIDRATANTES DE MANHÃ OU À NOITE?

Vários estudos aconselham o uso de cremes hidratantes, pois ajudam a manter as camadas superficiais da pele hidratadas com emulsões à base de óleo e água. Mas o que é melhor: usá-los durante o dia ou à noite? As duas opções funcionam, e a sua idade, o tipo de pele e o ambiente onde passa a maior parte do tempo dirão qual a melhor fórmula no seu caso. Tenha em mente que os cremes para uso noturno costumam ser mais concentrados e podem obstruir os poros — o que não ajuda se você for propenso a manchas. No entanto, se você sente que funcionam, não há razão para abandoná-los. Cuidado com o famoso mantra: "A sua pele rejuvenesce à noite." Sim, o nosso corpo precisa do sono, mas a nossa pele não faz nada de especial durante a noite. O seu processo de renovação natural acontece o tempo inteiro. Alguns cremes para uso durante o dia incluem proteção solar e são uma boa base para a maquiagem. Portanto, se pretende usar hidratante apenas uma vez ao dia, provavelmente será melhor aplicá-lo logo de manhã.

RESPOSTA: de manhã

Hora de se vestir

Quanta dor de cabeça e raiva pode surgir frente a uma simples pergunta: "Como me vestir?" Eis uma dica que todas deveríamos adotar: seja lá o que for vestir, decida na noite anterior.

LEGGING OU MEIA-CALÇA?

Se você não sofre de infecção vaginal (candidíase), pule esta dica e vista-se como preferir. Caso contrário, para evitar aquela desagradável substância branca e cremosa que causa intensa coceira, use meias-calças que cubram as pernas só até as coxas. Isso pode ajudar (e você talvez se sinta ainda mais atraente). Os fungos se multiplicam com o calor e a umidade — condição criada por leggings, calças jeans apertadas ou calcinhas, especialmente quando são feitas de náilon.

RESPOSTA: meia-calça

SALTO ALTO OU SAPATO RASTEIRO?

Os sapatos rasteiros parecem ser a opção mais sensata, mas isso nem sempre é verdade. As sapatilhas bailarinas são lindas, mas não oferecem muito apoio aos pés, e a falta de fechos ou tiras pode exigir que as pontas dos dedos façam força para evitar que os pés saiam do sapato. A Associação Britânica de Quiropodistas e Pedicuros recomenda o uso de sapatos rasteiros com fechos ou de saltos firmes e grossos para a absorção do impacto e com arco de sustentação para manter os pés no seu devido lugar.

Por outro lado, os saltos muito altos atrofiam os músculos da panturrilha, e as mulheres que os usam o tempo inteiro podem sentir dor ao trocá-los por tênis ou ao andarem descalças. Quanto mais alto o salto, maior a pressão na parte dianteira da sola dos pés, o que causa problemas como bolhas e calos, ou mesmo sérias dores nos pés, joelhos e costas. Todo mundo sabe que não há nada como um salto alto para ajudar as mulheres a se sentirem mais confiantes e atraentes, mas os especialistas recomendam a alternância diária do tipo de sapato e da altura dos saltos. No dia a dia, mantenha os seus saltos entre três e cinco centímetros.

> **RESPOSTA:** saltos entre três e cinco centímetros

Você sabia...

> ...que em culturas onde as pessoas não usam sapatos não há deformações como dedo do pé em martelo ou em forma de garra?

■ **Opinião do especialista**

A famosa editora de moda Jess Cartner-Morley tem uma excelente dica para não perder tempo na hora de decidir o que vestir de manhã: primeiro escolha os complementos, embora sejam os últimos a serem vestidos. Se o dia estiver chuvoso ou frio e você pretender passar por ambientes abertos e fechados, vista botas, casaco ou sobretudo, depois decida o que combina com tudo isso para usar por baixo. Um dia de reuniões importantes pode pedir saltos altos confortáveis e o seu melhor blazer. Fazendo isso, é muito mais fácil decidir que blusa, suéter ou saia completam o *look*. Caso contrário, ao terminar de se vestir, você talvez descubra que não tem sapatos nem casacos que combinam com o que está usando.

Atividades extras

Se você é organizado e consegue fazer tudo o que precisa enquanto a família se prepara para o dia que está começando, como aproveitar o tempo que sobra até sair de casa?

EXERCÍCIOS PELA MANHÃ OU À NOITE?

Arranjar um tempo para fazer exercício pode parecer impossível quando temos uma vida atarefada, mas, se você quer melhorar a sua resistência física ou emagrecer, o melhor caminho é acelerar o metabolismo, ou seja, o ritmo em que o seu corpo queima energia. Quando você se exercita, o seu metabolismo acelera, voltando gradualmente ao nível habitual (de descanso) e continuando a queimar calorias durante muitas horas após o término do exercício. O famoso personal trainer Matt Roberts sugere que, mais ou menos uma hora após o café da manhã, nos exercitemos por meia hora. Fazendo isso, o nosso corpo terá tempo para digerir a comida. O objetivo é esquentar o corpo e suar para que a taxa de metabolismo acelere.

Exercitando-se pela manhã, você terá menos chance de que imprevistos durante o dia roubem o tempo dedicado à academia, à natação ou à corrida. Especialistas do sono também preferem o exercício matinal, pois a atividade física estimula o nosso corpo e pode nos deixar despertos. Se você não pode se exercitar pela manhã, não use essa desculpa para ficar parado: a sua taxa de metabolismo diminuirá e o seu corpo queimará menos calorias. Fazer exercício, a qualquer hora do dia, é melhor do que não fazer nada.

RESPOSTA: pela manhã

AS CRIANÇAS DEVEM VER TELEVISÃO DE MANHÃ OU À NOITINHA?

Um estudo descobriu que filhos de mães que trabalham fora passam mais horas vendo televisão do que filhos de mães que ficam em casa. Até aqui, nenhuma surpresa. E esse fato pode ser comprovado por praticamente qualquer pessoa que combine trabalho e família. Mas pergunte a um psicólogo infantil ou a uma mãe que organiza bem o seu tempo como conseguem ir ao trabalho e levar as crianças à escola a tempo. Garanto que a resposta não será: contratando uma ótima babá. Trata-se de um trabalho em equipe, e as crianças pequenas podem contribuir aprendendo a se vestir sozinhas, bem como as maiores podem preparar as suas merendas e separar seus artigos esportivos. Deixar que assistam à televisão logo cedo pode gerar problemas, como a escolha equivocada de programas e brigas, principalmente quando um adulto resolve desligar o aparelho, interrompendo o que os filhos estavam assistindo.

RESPOSTA: à noitinha

HORA DO CAFÉ DA MANHÃ

Já escutamos muitas vezes a história de que o café da manhã é a refeição mais importante do dia... e os fabricantes de cereais e de outros produtos não param de repetir esse mantra, pois estão loucos para nos empurrar alimentos muitas vezes cheios de açúcar ou amido. Mas é importante comer alguma coisa logo após acordar. Muitos nutricionistas concordam que não comer nada até o almoço pode baixar a taxa de açúcar no sangue e diminuir a concentração.

As pesquisas também demonstram que quem não toma café da manhã é mais predisposto a ganhar peso. Portanto, se alimentar pela manhã é uma boa ideia... mas o que deveríamos comer e beber? Este capítulo o ajudará a decidir entre várias possibilidades, seja em casa ou no caminho para o trabalho. Se você não consegue encarar nada logo cedo, tente preparar um sanduíche com pão integral para levar para o trabalho, ou pelo menos arranque uma banana do cacho. Outra opção saudável (e barata) é ter sempre a mão no trabalho um pacote de cereais integrais, com pouca adição de açúcar, além de leite e/ou iogurte e suco, caso você tenha acesso a uma geladeira. Isso ajudará a driblar a tentação de comer alimentos cheios de açúcar e gordura no meio da manhã, facilmente encontrados em lanchonetes ou máquinas de venda automática.

O que beber

Algumas vezes, esta é a primeira escolha da manhã: café ou chá? A decisão é pessoal, mas vou listar alguns fatos que podem ajudar.

BEBIDAS COM CAFEÍNA OU DESCAFEINADAS?

O excesso de cafeína pode nos deixar nervosos ou impedir que caiamos no sono: ela acelera as batidas do coração e pode causar palpitações. No entanto, quem não consegue se levantar da cama sem tomar um café sabe perfeitamente que a cafeína estimula o sistema nervoso central: café ou chá (preto, verde ou branco) é um impulso capaz de deixar qualquer pessoa alerta logo no início do dia. Segundo um estudo publicado em setembro de 2011 por cientistas de Harvard, mulheres que tomam duas ou três xícaras de café por dia são menos propensas a sofrer de depressão.

Na Grã-Bretanha, não há nada que estabeleça o consumo máximo de cafeína diário, exceto a recomendação de que grávidas não tomem mais de 200mg por dia, pois o alto consumo de cafeína foi associado aos abortos. Quem sofre de pressão alta ou ansiedade também deve se manter longe da cafeína. A quantidade certa, claro, depende de como *você* se sente, mas os nutricionistas sugerem quatro ou cinco doses de bebidas com cafeína ao dia, e que a última seja à tarde, nunca à noite.

No entanto, devemos estar atentos às diferentes concentrações de cafeína das bebidas. Na Grã-Bretanha, um mapeamento oficial dos níveis de cafeína estabeleceu os parâmetros de 1mg, para o chá mais fraco, a 254mg, para a xícara de café mais forte. Não se esqueça de que bebidas como Coca-Cola, chocolate quente e guaraná contêm cafeína.

RESPOSTA: com cafeína

Você sabia...

...quanta cafeína tem em cada uma dessas bebidas?

Uma caneca de café solúvel	100mg
Uma caneca de café coado	140mg
Uma caneca de chá	75mg
Uma lata de Coca-Cola	40mg
Uma lata de bebida energética	80mg
Uma barra de 50g de chocolate meio amargo	cerca de 50mg
Uma barra de 50g de chocolate ao leite	cerca de 25mg

(Fonte: bbc.co.uk)

SUCO FEITO NA HORA OU DE POLPA CONGELADA?

Se você não sabe o que fazer frente às várias opções de suco disponíveis, chegou a hora de conhecer algumas verdades:

- Sucos de polpa são feitos pela pasteurização do suco espremido (aquecendo-o para exterminar as bactérias noci-

vas), depois evaporando grande parte da sua água. A polpa é então congelada, e a água deve ser novamente adicionada para transformá-la em suco.
- Sucos com a informação "não provenientes de polpas congeladas" no rótulo não perdem a água, mas são pasteurizados.
- Sucos feitos na hora não são pasteurizados (ou apenas minimamente), por isso devem ser mantidos na geladeira e têm vida útil mais curta.

Os fanáticos por alimentação saudável argumentam que qualquer forma de processamento, como concentração em polpa ou pasteurização, leva à perda de nutrientes do suco. O que é verdade, mas só até certo ponto. Se você pode comprar suco feito na hora ou tem tempo para espremer suas frutas pela manhã, ótimo, mas os sucos de polpa são uma opção saudável, conveniente e barata. Há muitas dicas nas embalagens de sucos, mas a regra básica é: beba apenas um copo de 150ml por dia. Se tomados em excesso, por terem muito açúcar e serem ácidos, os sucos engordam e podem danificar os dentes. Escolha sucos feitos com apenas uma fruta, pois os que misturam várias costumam incluir frutas mais doces, como banana ou maçã. Apenas os que contêm a informação "100% natural" são livres de aditivos, incluído açúcar.

RESPOSTA: em polpa

O que comer

São tantas as escolhas a serem feitas no supermercado... Mas, se você vive com pressa e precisa de uma solução rápida, saiba que o café da manhã é uma refeição que pode ser preparada com facilidade.

CEREAIS OU OVOS?

Se você quer um café da manhã fácil de preparar, os cereais talvez sejam a melhor opção, mas os ovos (cozidos, escaldados, mexidos ou fritos com um pouco de óleo) também são práticos. Qual é a melhor escolha para a sua saúde? Os ovos têm poucas calorias, são ricos em proteínas e fontes de vitaminas e nutrientes. Embora contenham colesterol, não é do tipo mais prejudicial à nossa saúde, e, ao contrário do que dita a sabedoria popular, não existe um limite estabelecido para a quantidade de ovos que você deve comer ao dia. Os cereais, por outro lado, podem estar cheios de açúcar — até mesmo os chamados "saudáveis", como a granola ou o farelo de passas. Caso você prefira os cereais, procure os integrais, sem açúcar, e dê sempre uma olhada no rótulo em busca de ingredientes adicionais. Se preferir não bancar o detetive, coloque uma fatia de pão integral na torradeira e um ovo numa panela, cobrindo-o com água fria. Ferva o ovo por um ou dois minutos — caso prefira mais ou menos mole — e coloque um pouco de azeite de oliva na torrada, corte-a em pedaços e molhe no ovo.

RESPOSTA: ovos

MULTIGRÃO OU INTEGRAL?

Pães, cereais, massas e arroz costumam ser produzidos com grãos cujas camadas exteriores são removidas, deixando apenas a parte central, conhecida como carboidrato refinado. Trata-se de uma importante fonte de energia, mas os profissionais da saúde insistem que devemos escolher fontes integrais de carboidratos, pois são mais nutritivas. O farelo, a camada mais externa do grão, é rico em fibras e evita problemas no sistema digestivo, enquanto a camada interna — o germe — é rico em nutrientes. A informação "contém cereais" ou "contém grãos" no rótulo pode soar bem positiva, mas significa muito pouco. Um pão multigrãos pode ser feito com farinha refinada e alguns grãos e sementes, enquanto o pão integral, teoricamente, deve conter sobretudo produtos integrais.

RESPOSTA: integral

Você sabia...

...que pouco mais de meio litro de leite com baixo teor de gordura (os semidesnatados e os desnatados) supre 100% da nossa necessidade diária de cálcio? Na verdade, o leite com baixo teor de gordura contém um pouco mais de cálcio que os leites integrais e quase toda a proteína necessária para que você se sinta saciado por mais tempo e desenvolva os músculos. Se você acha o leite desnatado muito ralo e aguado, experimente o semidesnatado.

IOGURTE NORMAL OU PROBIÓTICO?

Todos os tipos de iogurte contêm bactérias "vivas", mas nem todos contêm probióticos — "bactérias amigas" que ajudam a manter o nosso intestino saudável, e um intestino saudável é importante para o nosso bem-estar geral. Os probióticos são mais facilmente encontrados nos produtos lácteos (procure *lactobacillus* ou *bifidobacterium* nos rótulos). Eles costumam ajudar quem sofre de diarreia ou síndrome de intestino irritável. Há também algumas afirmações pouco convincentes de que podem causar doenças autoimunes, como a asma.

Embora não se saiba se é melhor consumir os probióticos diariamente ou como suplemento alimentar, já ficou claro que eles devem ser consumidos com regularidade — o que é dito nas embalagens. No entanto, como o iogurte também é rico em proteína e cálcio, trata-se de uma escolha saudável, desde que o da sua preferência não contenha muitas gorduras saturadas ou adição de açúcar. Não há, portanto, qualquer problema em torná-lo parte da sua dieta diária.

Muitas vezes fala-se de probióticos e de prebióticos em conjunto. Os prebióticos são uma forma do carboidrato encontrado em certas frutas e vegetais, e ajudam a promover o crescimento dos probióticos no intestino. Pesquisas sugerem que eles podem auxiliar nos problemas digestivos. Adicione algumas rodelas de banana ao seu iogurte probiótico e você terá uma dose de prebióticos.

RESPOSTA: probiótico

MANTEIGA OU PRODUTOS PARA UNTAR?

Uma pequena porção de manteiga contém cerca de 75 calorias e 8 gramas de gordura saturada, que só faz aumentar o nosso colesterol, além de ser quase a metade da quantidade diária de 20 gramas de gordura saturada recomendada às mulheres. O *ghee*, muito comum na cozinha do subcontinente indiano, também é rico em gorduras saturadas. Embora muito calóricos, o azeite de oliva e o óleo de girassol contêm gorduras polissaturadas e monossaturadas mais saudáveis. Se você não resiste à manteiga, guarde a embalagem em temperatura ambiente, pois será mais fácil espalhá-la, fazendo com que você use uma quantidade menor. Outra solução é comprar uma versão mais cremosa, que contém óleo, e por isso é mais fácil de ser espalhada.

RESPOSTA: produtos para untar

TORRADA COM NUTELLA OU *CROISSANTS* DE CHOCOLATE?

A Nutella, creme de chocolate e avelã, pode parecer uma terrível ameaça, mas duas torradas de pão integral com uma colher de chá bem-servida de Nutella contêm cerca de 280 calorias — praticamente a mesma quantidade encontrada num *croissant* de chocolate. Os *croissants* de chocolate derretem na boca porque contêm gorduras, carboidratos refinados e açúcar. Uma torrada integral com Nutella nos oferece mais fibras, proteínas e nutrientes e nos deixam alimentadas por mais tempo.

RESPOSTA: torrada com Nutella

MUESLI OU GRANOLA?

Os dois parecem saudáveis, mas cuidado: tanto o muesli quanto a granola são muito calóricos, pois têm muita adição de açúcar e frutas secas. Embora os dois contenham grande quantidade de ingredientes crus e saudáveis como aveia, sementes e frutas secas, a granola tem mais calorias e gordura, pois os seus compostos são revestidos com uma mistura de óleo com açúcar ou xarope, depois assados. Portanto, melhor optar pelo muesli.

Quando for às compras, preste atenção nos ingredientes e procure marcas com menos açúcar e frutas secas. Certas redes de lanchonete vendem granola com iogurte e geleia de fruta. Repito: esses potinhos tentadores são uma bomba calórica. Numa rede britânica, o chamado muesli Bircher contém 304 calorias e 9,7 gramas de gordura, e a granola com iogurte, 579 calorias e 20 gramas de gordura.

RESPOSTA: muesli

Suplementos saudáveis

SUCO DE ACEROLA OU SUPLEMENTO?

A cistite é uma infecção urinária dolorosa e chata que afeta muitas mulheres e, quando não tratada, pode terminar em internação. O suco e as cápsulas de acerola auxiliam na cura dessa doença. A teoria é que um componente dessa fruta detém as bactérias maléficas que escalam as paredes da bexiga. Uma série de experimentos feitos em 2009 pela Cochrane Collaboration sugere que o suco de acerola poderia prevenir infecções recorrentes nas mulheres, mas não curá-las. E pesquisas mais recentes sugerem que as cápsulas podem ser mais eficientes do que os sucos. A quantidade diária sugerida de extrato de acerola é de 200mg. Vale a pena tentar, caso você sofra de cistite. Crises recorrentes podem exigir o tratamento com antibióticos.

RESPOSTA: suplemento

Você sabia...

...que o chá verde, o suco de laranja e a acerola têm muita concentração de antioxidantes? Algumas pessoas dizem que esses nutrientes "fazem uma faxina" nas substâncias nocivas chamadas radicais livres. Os radicais livres surgem naturalmente no processo químico do corpo, mas são associados a doenças como o câncer e o Alzheimer, além de causar envelhecimento precoce. Na verdade, os antioxidantes são encontrados em vários tipos de alimentos, como moluscos, frutas secas e in natura, vegetais e chás principalmente o chá verde (veja mais detalhes em Beliscando, página 69), e também em suplementos, embora não existam provas de que estes produzam o mesmo efeito que os alimentos. É impossível negar que a nossa saúde seja beneficiada com uma dieta rica em frutas e vegetais, mas os cientistas não têm certeza sobre o papel dos antioxidantes: as evidências sobre as suas propriedades na prevenção do câncer são muito discutíveis. Alguns estudos sugerem que os antioxidantes podem tanto auxiliar quanto inibir o crescimento das células cancerígenas.

CÁPSULA DE ÓLEO DE PEIXE OU UM POLIVITAMÍNICO?

As informações sobre vitaminas e suplementos são muito confusas, o que não é surpresa, pois envolvem grandes interesses. Na Grã-Bretanha, por exemplo, esses dois mercados movimentaram 675 milhões de libras em 2009. Se você está em forma e saudável, e mantém uma dieta bem-balanceada, com muita fruta fresca, vegetais, produtos integrais, lácteos e com pouca gordura, talvez não valha a pena gastar dinheiro com polivitamínicos. Pode-se obter a quantidade diária recomendada de 80mg de vitamina C comendo uma laranja grande, por exemplo. Aliás, as vitaminas C e do complexo B são solúveis em água, por isso os caros suplementos alimentares que você toma podem acabar sendo eliminados pelo organismo. Outras vitaminas são armazenadas no corpo por mais tempo, e a vitamina A, especialmente, pode ser nociva se ingerida em excesso. (Que frascos ou embalagens trazem impressa a porcentagem da quantidade diária recomendada contida neles? Para mais detalhes consulte as Informações secretas sobre nutrição, na página 171.)

    Os óleos de peixe contêm ácidos graxos ômega-3, essenciais à nossa saúde e que podem ajudar a diminuir a pressão sanguínea e o colesterol. Por agirem como anti-inflamatórios, também auxiliam no alívio das dores nas articulações. Já foi dito que o ômega-3 pode melhorar o funcionamento do cérebro, mas não há qualquer prova disso. Como não existe uma quantidade diária recomendada de consumo de óleo de peixe, o conselho oficial na Grã-Bretanha é ingerir uma porção semanal de óleo de peixe, seja de salmão, sardinha ou cavala, para aproveitar os benefícios do ômega-3. Como são poucas as pessoas que seguem esse conselho, um suplemento pode ser interessante. No entanto, as diferentes marcas variam em concentração, e uma dose baixa não faz muito efeito. Procure as que oferecem doses mais altas. E atenção: eles podem causar indigestão e algumas marcas devem ser evitadas.

RESPOSTA: óleo de peixe

■ **Opinião do especialista**

"Eu tomo cápsulas de óleo de peixe. Pelo que sei, as informações sobre a capacidade que o óleo de peixe tem de reduzir os riscos cardiovasculares são muito convincentes, por isso fiz a minha escolha." (Edzard Ernst, professor emérito de medicina complementar na Universidade de Exeter, Reino Unido)

CONTRA RESFRIADOS: ZINCO OU EQUINÁCEA?

Embora existam certas provas de que o derivado da *Echinacea purpurea* pode diminuir o tempo de um resfriado, as pesquisas ainda apontam o zinco como o melhor auxílio na cura e prevenção da doença, de acordo com a Cochrane Collaboration. O zinco é um mineral encontrado naturalmente em vários alimentos. As ostras são particularmente ricas em zinco, bem como a carne vermelha e as aves. Também é possível tomar suplementos de zinco, mas é preciso fazê-lo diariamente durante cinco meses para notar algum benefício. As cápsulas de equinácea são menos eficientes.

RESPOSTA: zinco

Você sabia...

...que, de acordo com um recente estudo divulgado no *Archives of Internal Medicine*, cerca de 13% dos trabalhos publicados durante um ano no respeitável *New England Journal of Medicine* consegue reverter ideias previamente aceitas? Em geral, leva cerca de dez anos para que esse tipo de mudança aconteça.

O SEU DIA DE TRABALHO

Se você odeia o trajeto que faz até o trabalho, se as suas tarefas não são estimulantes e se os seus colegas são uns chatos, soluções drásticas talvez sejam a resposta ideal. Mas há muitas artimanhas para se livrar do estresse e da tensão diária. Use o caminho para o trabalho para pensar em outras coisas ou fazer um pouco de exercício, tente administrar melhor o seu tempo (principalmente a sua caixa de e-mails), melhore o relacionamento com os colegas e mantenha o seu astral elevado. Tudo isso deixará o seu trabalho mais satisfatório e menos frustrante.

Chegando lá

É possível que você tenha pouca ou nenhuma opção para chegar ao trabalho, e a viagem diária de ônibus ou de trem pode ser dura. No entanto, para quem tiver alguma flexibilidade, eis as minhas dicas:

CAMINHAR OU PEDALAR?

Usar a bicicleta é uma ótima maneira de matar dois coelhos com uma cajadada só: ir ao trabalho sem enfrentar o estresse do transporte público ao mesmo tempo que faz exercício. O número de calorias queimadas vai depender do seu ritmo e das ladeiras que precisa subir, mas pedalar a 16km/h durante 15 minutos em terreno plano costuma queimar noventa calorias. Se você mora relativamente perto do trabalho, caminhar rápido por meia hora queimará cerca de 160 calorias.

O legal de caminhar é que você não precisa de nenhum equipamento, além de não ter que se preocupar com um local para deixar a bicicleta e se ela vai ser roubada ou danificada. Quando você caminha, a sua mente fica mais tranquila: você não precisa se preocupar com motoristas agressivos, como fazem os ciclistas, e ainda pode escutar a sua música preferida no aparelho de mp3, ajudando a manter o ritmo durante o trajeto de ida ou a relaxar no de volta.

Eu experimentei a bicicleta e a caminhada na ida para o meu trabalho, no centro de Londres: ouvir música e andar de bicicleta não combinam. Os ciclistas devem estar sempre em alerta, especialmente em áreas urbanas, onde acontecem 75% dos acidentes sérios ou fatais envolvendo bicicletas. E eles não podem carregar o guarda-chuva aberto.

RESPOSTA: caminhar

Você sabia...

...que caminhar a passo rápido por pelo menos meia hora diária pode ajudar a perder cerca de 5,5kg em um ano? De acordo com a Associação Dietética Britânica, quando queremos perder peso, devemos queimar ao menos mil calorias semanais em atividades extras. Isso equivale a meia hora de caminhada diária num ritmo acelerado. Quando digo "acelerado", quero dizer que você deve se sentir ligeiramente sem fôlego e ficar um pouco suado.

PEDALAR COM OU SEM CAPACETE?

Há muita discussão sobre a necessidade dos ciclistas usarem capacete. Quem é contrário argumenta que o capacete faz as pessoas assumirem mais riscos por se sentirem seguras demais, ou que eles afastam os ciclistas do contato com a natureza e dos benefícios que isso pode trazer à saúde. Porém, quando o assunto envolve risco de morte ou danos à cabeça, não há dúvidas: estudos da Cochrane Collaboration concluíram que, em geral, o uso de capacete diminui o risco de danos à cabeça em 69% e o de morte por volta de 42%.

RESPOSTA: use capacete

No trabalho

Seja lá o que você fizer e onde quer que trabalhe, ligar o computador e encontrar uma caixa de e-mails repleta de mensagens talvez seja a primeira etapa todas as manhãs. Hoje, saber lidar com e-mails é a receita de sucesso para trabalhar de forma eficiente e evitar o estresse de ser aterrado por informações e tarefas. Eis algumas dicas valiosas para esvaziar as caixas de entrada, sugeridas por psicólogos:

- Delete: você não guarda todas as cartas que recebe, então por que guardar todos os e-mails? É incrível a quantidade de e-mails que podem ser deletados sem ser lidos.
- Siga a regra dos dois minutos: se não for gastar mais tempo, responda imediatamente.
- Organize-os: crie pastas para guardar os e-mails importantes usando nomes como "responder mais tarde", "responder imediatamente", "em espera" (útil, por exemplo, quando precisamos consultar uma terceira pessoa antes de responder), "CVs" e "convites". Caso prefira, pense na forma como lida com os seus e-mails e tente criar o seu próprio método, as suas próprias pastas. E não se esqueça de checá-las mais tarde. Aliás, reserve um tempo para fazer isso regularmente.

- Cancele assinaturas: se a sua caixa vive repleta de newsletters ou novidades que um dia aceitou receber, mas que nunca lê, por que não cancelá-las? Fazer isso leva apenas alguns segundos (veja a regra dos dois minutos exposta acima).

Ou...

- ...troque pelo Twitter. Links para newsletters ou novidades enviadas por empresas costumam estar disponíveis por lá. Este tipo de mensagem não lota a sua caixa de entrada e costuma ser mais fácil de assimilar e reenviar a amigos do próprio Twitter.

E-MAIL OU CONVERSA?

O que as pessoas faziam antes da invenção dos e-mails? Elas conversavam. Em alguns escritórios, colegas de trabalho se comunicam o tempo todo por e-mail, mesmo sentados um ao lado do outro. A desculpa é que estão muito ocupados checando suas caixas de mensagem para conversar. Por experiência própria, digo que ambientes de trabalho como esses não são felizes. Um estudo escocês descobriu que certas pessoas checam seus e-mails trinta ou quarenta vezes por hora. Algumas empresas proíbem o acesso ao e-mail durante certos períodos de tempo, o que serve para incentivar a conversa entre os colegas e a concentração no trabalho. Claro que ninguém quer ser interrompido toda hora pelas perguntas de um colega, e, se você quer registrar o que foi dito, o e-mail pode ser muito útil, mas existem boas razões para evitá-lo. Não é fácil detectar o tom de voz pelo e-mail: talvez você imagine estar escrevendo num tom gentil, mas o receptor da mensagem pode ter outra sensação. Quando perguntamos algo pessoalmente ou pelo telefone, a resposta costuma ser mais imediata: a sua pergunta não ficará esperando numa caixa de mensagens. As conversas também evitam uma longa troca de e-mails, e essa troca pode deixar outros assuntos importantes de lado, sem contar o perigo de clicar em "responder para todos" e adicionar novas vozes à conversa. As videoconferências são mais eficientes no caso de decisões complexas que envolvam muitas pessoas. Além disso, levantar-se da sua mesa e se aproximar de um colega, na mesma sala ou em outra, é uma ótima forma de fazer uma pequena pausa, esticar as pernas e conhecer melhor as outras pessoas.

RESPOSTA: conversa

E-MAIL COMPLICADO: RESPONDER IMEDIATAMENTE OU MAIS TARDE?

Poucas pessoas não se arrependeram de ter respondido um e-mail rabugento no calor do momento. Uma forma de controlar esse impulso é ouvir a sua consciência perguntando: "Eu devo enviar isso?" E a resposta costuma ser: "Não." Peça a um colega de confiança que leia a mensagem e dê a sua opinião. Outra saída é recorrer à tecnologia, instalando aplicativos como o Boomerang, que retardam o envio de e-mails durante certo tempo, permitindo que você apague as mensagens antes de elas chegarem ao destinatário. No entanto, a forma mais barata e mais fácil é afastar-se do computador e só responder quando estiver mais calmo. Sem dúvida, será uma resposta muito mais comedida.

RESPOSTA: mais tarde

Você sabia...

...que é mais provável escutar a verdade de um colega por e-mail do que por qualquer outro meio de comunicação?

Uma pesquisa norte-americana avaliou quantas vezes os estudantes mentem em qualquer meio de comunicação durante uma semana, e descobriu que eles costumam mentir *menos* por e-mail do que cara a cara, em telefonemas ou mensagens de texto. Isso acontece porque, como os e-mails ficam registrados, ficamos com medo de que alguém descubra a mentira.

Administrando o seu tempo

Se você está assustado com a quantidade de trabalho que tem pela frente, tente dividi-lo em partes. Na década de 1920, o psicólogo russo Bluma Zeigarnik descobriu que, quando damos início a uma tarefa, é mais fácil para o nosso cérebro registrá-la e, portanto, temos mais chance de terminá-la. David Allen, famoso guru de administração do tempo pessoal e profissional, pensa da mesma forma: "O problema começa quando percebemos não ter feito o que prometemos a nós mesmos que faríamos." Eis três dicas dos psicólogos para administrar a sua carga de trabalho:

- Faça uma lista. Pode ser uma única lista comprida ou listas separadas para cada projeto, ou então siga o formato de urgente e importante apresentado a seguir.
- Priorize. Divida as tarefas em quatro categorias: urgente e importante; não urgente, mas importante; urgente, mas não importante; nem urgente nem importante. Isso deixará claro o que precisa ser feito antes. Se tudo parece urgente e importante, experimente assumir menos responsabilidades e delegar mais.
- Pergunte a si mesmo o que de pior pode acontecer se você não terminar um trabalho a tempo e pense em como lidará

com o problema. Você ficará mais calmo e conseguirá enxergar tudo com clareza.

PERFECCIONISMO OU SUFICIENTEMENTE BOM?

Querer fazer o melhor possível é uma atitude louvável. Mas o perfeccionismo levado ao extremo nem sempre é a melhor receita de sucesso. De acordo com o professor Randy Frost, psicólogo norte-americano que estudou o tema, os perfeccionistas podem ser excessivamente autocríticos e talvez lidem com dúvidas existenciais. Costumam ser filhos de pais exigentes e críticos demais com erros. É ótimo ter colegas que abrem caminhos para os demais e prestam muita atenção aos detalhes, mas os perfeccionistas podem fazer com que o ritmo de trabalho diminua, podem perder prazos, ficar cegos ao quadro geral da situação e ser indecisos, levando seus colegas (e chefes) à loucura. Um ex-chefe, muito empreendedor, ao me ver paralisada por causa de um detalhe, certa vez me disse: "Não permita que o ótimo seja inimigo do bom." Foi um bom conselho.

RESPOSTA: suficientemente bom

FAZER UMA LISTA OU VÁRIAS?

Eis um tema muito discutido entre instrutores e psicólogos. As listas com certeza ajudam as pessoas muito ocupadas (e avoadas ou esquecidinhas) a planejar e priorizar. Mas deveríamos fazer uma única lista ou várias, uma para cada tarefa? E com que frequência deveríamos montá-las? No papel, no computador ou no celular? O especialista em administração do tempo David Allen sugere que você mantenha uma lista principal com tarefas como "planejar férias", "contratar novo empregado", "levar o carro à oficina", e que debaixo de cada tarefa liste os passos necessários para levá-las a cabo. Ele também sugere o uso de calendários digitais de fácil manejo para manter o controle dos passos a serem dados. A vantagem de fazer listas em aparelhos eletrônicos é que podemos atualizá--las mais facilmente do que com papel e caneta (até mesmo esperando o metrô ou sentado num ônibus, por exemplo). Se você gosta de fazer listas diferentes, as eletrônicas são mais difíceis de serem perdidas do que muitos papéis soltos. O problema de manter várias listas, no entanto, é que fica mais difícil controlá-las.

Se você gosta de fazer listas, faça da maneira que achar melhor, pois trata-se de uma ótima forma de terminar as tarefas a tempo. Como fazedora de listas compulsiva, sugiro um compromisso: comece uma nova lista a cada semana, destacando as tarefas prioritárias (veja Administrando o seu tempo, página 58), ou anote o dia em que as tarefas devem ser finalizadas. A cada semana, transfira as tarefas inacabadas à nova lista.

RESPOSTA: uma lista

MANTER O FOCO OU SONHAR ACORDADO?

Se você é do tipo que diz "estou com dor de cabeça" quando passa muito tempo concentrado na mesma tarefa desafiadora, é bem provável que esteja sendo sincero. Neurocientistas, como Jonah Lehrer, acreditam que a parte racional do cérebro perde sua utilidade quando sobrecarregada. "Desligar-se" ou sonhar acordado ajuda a trazer pensamentos e ideias de diferentes partes do cérebro para podermos pensar de forma mais criativa. Por isso, em geral chegamos a um "Eureca!" quando estamos olhando para o nada, para fora de uma janela ou lavando a louça. Mas não faça isso o dia inteiro.

RESPOSTA: sonhar acordado

DELEGAR OU FAZER TUDO SOZINHO?

Você costuma se ressentir, achando que trabalha muito mais do que os seus colegas? Caso o seu papel no trabalho envolva gerenciar outras pessoas, talvez seja o momento de aprender a delegar as tarefas de forma mais eficiente. Coisas que você não pode resolver em dois minutos (segundo a regra do especialista David Allen) podem ser delegadas a outra pessoa ou adiadas até que tenha tempo para elas. Se você costuma delegar, tenha certeza de que seus colegas entenderam bem o que se espera deles, e lembre-se de acompanhar o trabalho. Em empresas maiores, pode ser útil que cada departamento monte um documento listando o responsável por cada tarefa. No final da semana, todo mundo deve indicar o que fez de fato. Você não precisa ser um expert para saber que demonstrar satisfação com um trabalho bem-feito, ou oferecer críticas construtivas quando necessárias, melhorará sua habilidade de delegar.

RESPOSTA: delegar

Você sabia...

...que existe uma fórmula "sanduíche" para elogiar? Quem me contou essa história foi uma respeitada executiva do ramo editorial ao me explicar como pedir a alguém que reescreva um artigo. Mas essa fórmula se aplica a muitas situações nas quais somos obrigados a rejeitar uma ideia ou persuadir alguém a ter outra. Comece dizendo algo positivo, depois dê a má notícia, e termine com outro comentário positivo — a má notícia fica no meio das positivas. Por exemplo: "Muito obrigado. Gostei do seu artigo. Percebi que você pesquisou muito, e tocar no assunto X foi interessante. Mas o estilo não é exatamente o nosso, e o texto ficou um pouco mais longo do que eu esperava, além de um tanto acadêmico. Será que você não poderia diminuí-lo um pouco e torná-lo mais leve? Eu adoraria publicá-lo e acho que você consegue essas alterações."

REUNIR-SE COM COLEGAS OU TRABALHAR DE FORMA INDEPENDENTE?

Um aspecto da vida profissional que consome mais tempo que os e-mails são as reuniões. Alguns dias são inteiramente dedicados a elas, deixando pouco tempo para seguir com o trabalho, o que cria ansiedade e frustração. Será que duas cabeças são sempre melhores que uma? Há uma interessante pesquisa sobre o *brainstorming* que sugere o oposto: indivíduos trabalhando sozinhos produzem mais ideias de alta qualidade do que os que trabalham em grupo. "As pessoas que gostam de reuniões são as que não gostam de finalizar trabalhos", afirma o psicólogo Oliver Burkeman, autor de *Help! How to Become Slightly Happier and Get a Bit More Done* [Socorro! Como se tornar um pouco mais feliz e um tanto mais eficiente]. Muita gente acredita que isso acontece por causa do "efeito observador": em grupo, as pessoas se preocupam menos com os resultados do que as que trabalham sozinhas, pois estas sabem que a conclusão será de sua inteira responsabilidade.

Se as reuniões servem para relatar os progressos de um trabalho, o informe não seria mais produtivo se transmitido por e-mail ou telefone? No entanto, claro que uma reunião bem-dirigida pode ser muito produtiva, e, quando passamos muito tempo nos comunicando pela internet ou pelo telefone, é importante encontrar os colegas pessoalmente. Isso nos lembra que fazemos parte de uma equipe.

RESPOSTA: trabalhar de forma independente

Você sabia...

...que, se participa de reuniões e quer melhorar a sua influência, um estudo sugere empregar o "efeito centro do palco", ou seja, sentar-se no meio da mesa? É onde ficam as pessoas mais importantes de um grupo (pense nas fotos de casamento). Os que se sentam nas pontas costumam ser meros observadores.

DIZER SIM OU NÃO?

Se você tem tanto trabalho que se sente ansioso e irritado, se não consegue dormir, talvez esteja querendo agradar muita gente ao mesmo tempo. Os psicólogos acreditam que tal comportamento nasce na infância. Quando os pais controlam demais os filhos, quando os filhos só se sentem amados quando fazem tudo o que os pais mandam, as crianças crescem sem entender muito bem o que querem delas mesmas e sempre procuram a aprovação das outras pessoas. A autora Elizabeth Hilts identificou uma característica (sobretudo feminina) chamada "simpatia tóxica", que nasce do medo da confrontação. No trabalho, essas pessoas dizem sim a tudo para agradar os colegas e costumam não dar conta das suas tarefas, pois assumem responsabilidades demais.

No pior dos casos, elas continuam aceitando os pedidos e satisfazendo os desejos dos demais, e acabam explodindo quando tudo foge ao controle. Claro que é importante ser sensível às necessidades dos outros, mas nunca se deve abrir mão das próprias necessidades. Elizabeth Hilts também recomenda tentar conhecer o nosso "lado malvado". Nina Grunfeld, fundadora da organização de autodesenvolvimento Life Clubs, recomenda fazer uma lista com duas colunas: a da esquerda chamada "Vou dizer não a...", e a da direita chamada "E isso quer dizer que vou dizer sim a...". Trata-se de uma técnica útil para definir prioridades e não sermos obrigados a procurar o chefe com a terrível notícia: "Desculpe, eu não vou poder ir à reunião, mas terminarei o relatório que você pediu ainda esta tarde."

RESPOSTA: diga não (educadamente)

■ Opinião do especialista

"O grau de satisfação que sentimos pelo que estamos fazendo é equivalente ao que sentimos frente ao que sabemos que não estamos fazendo, mas isso é normal." (David Allen, *Getting Things Done* [Dando conta de tudo])

Lidando com colegas de trabalho

Vamos ser sinceros, todos temos colegas de trabalho que não são exatamente "um amor" o tempo todo. Mas isso não precisa acabar em briga.

CULPAR OS OUTROS OU SEGUIR EM FRENTE?

Quando algo vai mal no trabalho, é normal ficar chateado com colegas que você acha que pisaram na bola. Mas será que é o momento de apontar culpados ou de ficar calado? Culpando os demais, você se coloca na posição de vítima. Por exemplo, se uma mesa compartilhada está bagunçada e você culpa o seu colega pela confusão, está se deixando perturbar com a situação e dando a ele poder no relacionamento. Mais tarde, você poderá se sentir culpado por ter "permitido" que ele fizesse isso com você. No entanto, culpar a si mesmo também é uma completa perda de tempo. Nina Grunfeld tem uma sugestão: se você se sente mal com alguma coisa, perdoe a si mesmo e siga em frente com a sua vida. Pergunte-se o que poderá aprender com o que fez de "errado". Para sentir-se melhor em situações como compartilhar uma mesa bagunçada, por exemplo, talvez seja interessante sugerir uma limpeza semanal conjunta.

RESPOSTA: seguir em frente

PEDIR DESCULPAS OU NÃO DIZER NADA?

Todos cometemos erros, e não há muito sentido em chamar a atenção para erros que ninguém mais notará. Porém, quando o erro é sério, não dizer nada pode parecer uma atitude arrogante e imatura, como se você fosse uma criança incapaz de assumir o que fez. Por outro lado, um pedido de desculpas superficial pode piorar tudo caso não soe sincero. Um estudo feito por psicólogos da Universidade de Maryland aponta a existência de três tipos de pedidos de desculpas: de compensação ("Desculpe por ter me esquecido de fazer os cálculos. Ficarei até mais tarde para terminar o trabalho"); de empatia ("Desculpe por não tê-lo convidado para a reunião. Você deve achar que não valorizo a sua opinião, mas eu valorizo"); e de reconhecimento por ter violado regras ou normas ("Desculpe por ter contado a outras pessoas sobre a proposta de fusão das empresas. Foi uma quebra de confidencialidade").

O perigo é aplicar o pedido de desculpa equivocado para a situação. As pessoas que valorizam os relacionamentos, por exemplo, responderão melhor a um pedido de desculpa de empatia. No entanto, uma mistura dos três tipos talvez seja a maneira mais eficaz de demonstrar sinceridade. Os estudos sugerem que é uma boa ideia lidar de imediato com o problema, pois quem confessa o erro mais rápido costuma ser mais facilmente entendido.

RESPOSTA: pedir desculpas

ACEITAR OU TENTAR REVERTER DECISÕES?

Quando uma decisão dolorosa é tomada em instâncias superiores, mas você não concorda com ela, é melhor baixar a cabeça ou dar voz às suas objeções? Provavelmente vale a pena nos perguntar se seremos capazes de influenciar a decisão. Ficarmos chateados com coisas que não podemos controlar, como um novo chefe, reestruturações ou redundâncias, pode ser perturbador e inútil. Se você costuma reagir assim às decisões que não lhe agradam, poderá ficar malvisto aos olhos dos gerentes responsáveis pelas decisões difíceis. Você pode melhorar a forma como reage à situação: talvez as mudanças possam ser boas para você a longo prazo. Várias pesquisas mostram que os otimistas lidam melhor com os contratempos e costumam ser mais saudáveis, pois o seu otimismo influencia o sistema imunológico. Quem resiste às mudanças costuma ser mais ansioso. Pergunte a si mesmo do que tem medo e o que pode fazer para recuperar o controle, como procurar um outro emprego, atualizar seu currículo ou criar um perfil numa rede profissional como o LinkedIn.

RESPOSTA: aceitar

ALIMENTAR UMA FOFOCA OU FICAR CALADO?

Fofocas sobre os últimos acontecimentos no ambiente de trabalho podem animar um dia chato, mas cuidado para não se tornar a fonte delas. Se você já imaginou ser alvo de fofoca ou achou que falavam mal de você pelas costas, pode estar sofrendo o que os psicólogos chamam de "transferência espontânea de atributos". As experiências demonstram que o ouvinte, inconscientemente, associa coisas negativas que escuta sobre outras pessoas com quem passa a fofoca adiante.

Portanto, como a minha mãe costumava repetir: "Se não tiver nada legal para dizer, melhor não dizer nada."

RESPOSTA: ficar calado

PREPARAR CAFÉ SÓ PARA VOCÊ OU PARA TODO MUNDO?

Se você é o tipo de pessoa simpática que sempre se oferece para preparar ou pegar café para os colegas, não espere atos de gratidão. Experiências psicológicas demonstram que pequenos favores ou gestos gentis são mais apreciados por desconhecidos, que costumam oferecer mais em troca. Por outro lado, favores não são bem-vistos quando se suspeita de segundas intenções. Embora às vezes seja legal preparar café para os colegas, se você exagera ou se sente injustiçado porque ninguém prepara o seu, será que o verdadeiro motivo da sua gentileza não é carência?

RESPOSTA: só para você

BELISCANDO

Quando ficamos sem energia durante o dia, é tentador ir à máquina de café ou beliscar um chocolate ou batata chips. Embora não seja pecado tomar um café ou comer uma guloseima, confiar na cafeína ou no açúcar para recuperar forças é um sinal de dieta descontrolada e maus hábitos alimentares. Provavelmente você é uma dessas pessoas que não toma café da manhã ou não almoça (veja sugestões de opções rápidas e saudáveis em Beliscando, a partir da página 69), que consome alimentos muito calóricos e repletos de cafeína, ou que nunca dá um descanso no meio do trabalho — e as pausas são ótimas para relaxar e melhorar a circulação.

O que comer e beber

Eis alguns segredos para evitar os quilinhos extras e não gastar uma fortuna em lanchonetes.

CAFÉ COM LEITE OU CAPPUCCINO?

Quer saber como evitar o consumo de 600 calorias e a ingestão de quase o total da recomendação diária de gorduras saturadas (20g) na hora de tomar um café? Troque um *mocha* de chocolate branco com leite integral e chantili do Starbucks (620 calorias) por um suave café com uma pitada de leite desnatado quentinho (50 calorias). Esse foi um exemplo extremo, mas as cafeterias contribuíram muito para o nosso ganho de peso na última década, o que não deve ser subestimado. Uma atitude menos drástica seria diminuir o consumo de calorias pela metade, trocando um café com leite semidesnatado grande (150 calorias) por um *cappuccino* grande com o mesmo leite semidesnatado (90 calorias). Essa diferença é explicada pela quantidade de leite em proporção à de água: um café com leite contém muito mais leite que um cappuccino (e um pingado com uma gota de leite, muito menos). Claro que o leite é uma bebida nutritiva, mas um copo enorme de café com leite cheio de açúcar não é. Algumas redes estão começando a expor as informações nutricionais dos seus produtos na internet. Dê uma olhada para comparar suas bebidas favoritas e faça a sua escolha, cortando calorias.

(Quanto à quantidade de ingestão de cafeína, ver Bebidas com cafeína ou descafeinadas?, na página 37.)

RESPOSTA: cappuccino

Você sabia...

...que é importante beber cerca de 1,2 litro de líquidos diariamente? O debate é se isso se refere apenas a água ou a outras bebidas, mas grande parte dos nutricionistas concorda com a inclusão de outras bebidas e quantidades moderadas de chá ou café. No entanto, um mero café com leite duplo (223 calorias), uma lata de refrigerante (139 calorias) e um chá no meio da tarde com uma colher de açúcar (34 calorias) somam quase 400 calorias. Trocando o café com leite por um café coado, escolhendo um refrigerante light ou água com gás e cortando o açúcar do chá, estaríamos economizando cerca de 300 calorias. Caso queira aproveitar para economizar dinheiro, compre uma bela garrafa, encha-a de água todos os dias e lembre-se de tomar todo o seu conteúdo até a hora de voltar para casa.

BOLINHO OU MUFFIN?

Se você não tomou café da manhã em casa e está salivando frente a maravilhas assadas enquanto o seu café é preparado numa lanchonete, qual a melhor opção? No Starbucks, um mero muffin de mirtilo, que parece saudável, contém 350 calorias, mais do que quatro barras (32g cada) de chocolate Twix (300 calorias). Os bolinhos sem recheio não costumam chamar muita atenção nas vitrines, mas contêm menor quantidade de gordura e açúcar. Por isso talvez seja mais interessante pedir um bolinho acompanhado de geleia ou manteiga, que costumam somar umas 250 calorias. Incluindo uma fruta, seria uma ótima opção para substituir o café da manhã que você não tomou em casa.

RESPOSTA: bolinho

SUCO DE FRUTA OU SMOOTHIE?

O smoothie é uma espécie de vitamina industrializada, uma bebida energética e com pouca caloria e gordura. Quando o smoothie contém só fruta fresca e nenhum produto lácteo, como leite ou iogurte, não há muita diferença calórica entre ele e um suco natural. Uma garrafa de 250ml de suco de laranja vendido numa lanchonete tem 114 calorias e 28,6g de açúcar, enquanto um smoothie de morango tem 128 calorias e 28g de açúcar. Como os smoothies usam a fruta batida, e não apenas o suco dela, contêm um pouco mais de fibras. Uma dica é adicionar banana, que deixa o líquido mais grosso do que quando usamos frutas mais caras, como morangos. Outra vantagem: o sabor fica mais doce. Adicionar leite ou iogurte (desde que contenham pouca gordura), fará com que você fique saciado por mais tempo, pois eles contêm gorduras e proteínas. Não se esqueça de que um smoothie dá conta de uma, ou no máximo duas, das cinco porções diárias recomendadas de frutas e vegetais.

RESPOSTA: smoothie com leite ou iogurte

SMOOTHIE OU FRUTA?

Não há dúvidas de que uma bandejinha de 227g de morangos mais uma banana têm quase a mesma quantidade de calorias que um copo de 250ml de um smoothie de morango e banana. Os smoothies podem perder um pouco do valor nutritivo ao serem feitos, e só dão conta (no máximo) de duas das cinco porções diárias recomendadas de frutas e vegetais. Portanto, com a mesma quantidade de calorias de um smoothie, você pode fazer dois lanches mais saudáveis, comendo a metade dos morangos e da banana, e deixando o restante para mais tarde.

RESPOSTA: fruta

LARANJA OU KIWI?

Se você gosta de beliscar comendo uma fruta, o kiwi é uma das opções mais saudáveis e contém quase a mesma quantidade de vitamina C que uma laranja do mesmo tamanho e mais fibras que uma maçã. Descasque-o todo para comer ou retire apenas o topo e coma a polpa com uma colher (as crianças adoram comer assim, como se fosse ovo, como dizemos na minha casa).

RESPOSTA: kiwi

AMENDOIM OU OUTRAS OLEAGINOSAS COM PASSAS?

Troque um pacote de 50g de amendoim tostado por um de 45g de oleaginosas com passas e você economizará pelo menos 100 calorias, 30g de gordura e uma boa quantidade de sal. Eis outro exemplo de como pequenas mudanças podem incrementar a nossa nutrição diária.

RESPOSTA: oleaginosas com passas

Você sabia...

...que ficar sentado na frente do computador pode causar vários tipos de dores e mal-estar? Para saber se você está se sentando direito, responda as seguintes perguntas:

- Você descansa de cinco a dez minutos após períodos contínuos de cinquenta a sessenta minutos trabalhando no computador?
- Os seus olhos estão nivelados com o topo da tela?
- Você costuma afastar o rosto da tela para aliviar a tensão nos olhos?
- A sua coluna está ereta e bem-apoiada?
- Os seus braços estão nivelados à altura do teclado, e não mais acima ou abaixo?
- Você se senta ereto, com as coxas formando um ângulo de 90° com o seu tronco?
- Os seus pés estão completamente apoiados no chão, ou pelo menos num suporte?
- Você consegue usar o mouse com o pulso reto e o antebraço apoiado?

A resposta para todas essas perguntas deveria ser sim.

Você sabia...

...que, mesmo com todos os alertas sobre a capacidade do chá verde de evitar doenças, a discussão continua aberta? Foi afirmado que ele combate o câncer, graças às substâncias chamadas catequinas, que supostamente inibem o crescimento das células cancerígenas. No entanto, um resumo de 51 estudos feito pela Cochrane Collaboration descobriu que os dados são conflitantes: há certo apoio à teoria, mas apenas quanto a alguns tipos de câncer. Um estudo menos abrangente também ficou num impasse sobre o possível papel do chá verde na prevenção de ataques do coração. Não resta dúvida, porém, de que o chá verde tenha muito menos cafeína que o chá preto e o café. A mensagem geral costuma ser que tomar de três a cinco xícaras diárias (no máximo 1,2 litro) é saudável e pode apresentar certos benefícios. Mas não pense que o chá verde, sozinho, salvará a sua vida.

REFRIGERANTE LIGHT OU BARRA DE CHOCOLATE?

Se você procura uma boa dose de cafeína, saiba que existe quase a mesma quantidade dela numa lata de refrigerante light e numa pequena barra de chocolate (com pelo menos 70% de cacau). O refrigerante light não contém nutrientes, por isso quase não tem calorias, enquanto o chocolate (é claro) contém açúcar e gorduras saturadas — uma barra de 35g tem cerca de 190 calorias. Portanto, esta não é uma dica para quem vive de olho na balança. Mas a gordura lhe dará energia por mais tempo, sem contar que os nutrientes chamados flavonoides, encontrados em chocolates com alta concentração de cacau, são benéficos ao coração. A verdade, porém, é que os cientistas não entendem muito bem por que isso acontece, e a gordura e o açúcar do chocolate podem botar tudo a perder. Que pena...

RESPOSTA: chocolate com pelo menos 70% de cacau

ALMOÇO

Milhões de pessoas almoçam sentadas às mesas de trabalho, sem dar uma pausa, sem relaxar. Em momentos econômicos complicados, a insegurança no trabalho nos faz querer que nos vejam terminando as tarefas a tempo. Outras vezes, é a própria pressão e o volume de trabalho que nos obrigam a manter um ritmo acelerado. Porém, caso isso se transforme num hábito, saiba que você está se prejudicando física e mentalmente.

O que comer

Quais as melhores soluções para um almoço saudável e rápido durante a jornada de trabalho?

ALMOÇO OU JANTAR FARTO?

Quando comemos, parte da comida digerida é transformada em açúcar no sangue (glicose), e tal processo é regulado pelo hormônio insulina. Segundo os especialistas, comer muito nos dá sono porque as células do cérebro que nos mantêm alertas são enfraquecidas pelo aumento do açúcar no sangue após as refeições. Talvez seja uma reação evolucionária: os nossos ancestrais, quando encontravam comida e comiam, sabiam que era hora de dormir e conservar energia. Certos alimentos, como as massas, que os nossos corpos transformam em açúcar, dão mais sono que outros. Portanto, a menos que esteja de férias ou seja fim de semana, evite um almoço longo e pesado se pretende estar alerta durante a tarde. Reserve as massas para o jantar, quando estiver precisando de uma boa noite de sono.

RESPOSTA: jantar farto

WRAP OU BAGUETE?

Você está procurando algo para comer, mas a fome é negra e não passará com um simples sanduíche de pão de forma. Uma baguete recém-saída do forno, com o seu recheio preferido, pode ser uma opção tentadora. Os wraps também são deliciosos, mas costumam ter mais recheio e devem engordar mais, certo?

Na verdade, os wraps são uma excelente opção para um almoço a base de sanduíche, pois eles têm mais recheio que pão, e é o recheio que nos dá energia, principalmente quando escolhemos ingredientes ricos em proteínas, como frango com salada verde e vegetais crus. Os pães de wrap têm um índice glicêmico (IG) mais baixo que a baguete, e isso significa que o seu corpo queimará a energia mais lentamente e você não sentirá fome tão cedo. Se o seu wrap não tiver manteiga demais, você evitará o consumo de muitas calorias e gorduras saturadas. Ao escrever esta dica, encontrei numa famosa rede de lanchonetes britânicas um wrap de salada de camarão e lagostim levemente apimentado com 298 calorias e 10g de gordura. Na mesma loja, uma baguete de pasta de atum somava 484 calorias e 22,9g de gordura — quase um terço das calorias que deveria ser ingerida num dia. Mas fique atento aos molhos gordurosos dos wraps.

RESPOSTA: wrap

Você sabia...

...que um sanduíche pode ser um almoço saudável e light? Prepare o seu com pão integral e um pouquinho de manteiga, ou uma leve camada de azeite de oliva, adicione alguma proteína, como presunto ou atum, depois preencha com a maior quantidade possível de vegetais crus (como folhas verdes, tomate e pepino). Os sanduíches podem conter todos os grupos alimentares necessários a uma dieta balanceada: carboidratos não refinados, frutas, vegetais, proteínas e laticínios.

MAIONESE OU MANTEIGA?

Uma fina camada de 7g de maionese light tem cerca de 23 calorias e 2,3g de gordura provenientes de óleos vegetais. A mesma quantidade de manteiga tem cerca de 50 calorias e 12g de gordura saturada. Até a maionese normal tem menos calorias. A manteiga é feita de leite, e por isso contém mais gordura animal, que é rica em gordura saturada — o tipo capaz de aumentar o colesterol, o que pode ser ruim para o seu coração e o sistema cardiovascular. Peça que passem maionese light, e não manteiga, no seu sanduíche. Caso prepare o seu em casa, faça o mesmo.

RESPOSTA: maionese

SOPA OU SALADA?

As duas opções parecem saudáveis e, se forem feitas com vegetais, frutas e carne magra ou peixe, podem ser mesmo. Mas cuidado com os molhos gordurosos e muito queijo em algumas saladas, e com o excesso de creme de leite, sal ou carne gordurosa, como linguiças, que podem ser usadas para dar mais sabor à sopa. Evite também muitos carboidratos como batatas, macarrão ou arroz na sopa. Claro que você não vai querer uma tigela de sopa fumegante num dia quente de verão, mas no inverno ela aquece e reconforta, além de deixar o seu estômago mais saciado. Uma pesquisa televisiva recente demonstrou que soldados que tomaram sopa preparada com arroz, frango, vegetais e água se sentiram saciados por mais tempo do que os que comeram os mesmos ingredientes sólidos, com um copo de água. Sabe por quê? Porque a sopa é mais espessa, por isso não atravessa o estômago tão rapidamente.

RESPOSTA: sopa

Você sabia...

...que muitas redes internacionais de lanchonetes, como Subway e Burger King, disponibilizam as informações nutricionais dos seus produtos na internet? Basta digitar no Google o nome da rede e descobrir onde estão listados os produtos e seus nutrientes. Se quiser ter acesso mais fácil, adicione o link aos seus favoritos. O McDonald's inclui a mesma informação na embalagem dos seus produtos, mas pode ser tarde demais descobrir que o Quarteirão com Queijo à sua frente com batata frita média e Coca-Cola de 500ml somam 900 calorias e cerca de 40g de gordura.

SUSHI OU SASHIMI?

Sem dúvida, são vários os benefícios de comer comida japonesa. E agora ela pode ser encontrada em muitos restaurantes e supermercados. Esses alimentos contêm ômega-3 (importante para a saúde do coração e que pode ser encontrado em óleo de peixe, como salmão ou atum), além das vitaminas A, do complexo B, C e E e do iodo das algas marinhas, essencial para manter as nossas células e o metabolismo saudáveis. O arroz branco também é uma boa fonte de carboidratos, e a pequena quantidade presente num sushi não vai fazer com que você sinta o estômago cheio. As mulheres grávidas devem tomar cuidado com o mercúrio dos peixes de águas profundas, tais como o atum, limitando a quantidade ingerida, e não devem comer moluscos crus. No Reino Unido, o comunicado oficial é que os peixes devem ser congelados antes de serem consumidos crus. Os restaurantes e lojas que vendem sushi são obrigados a fazer isso para matar o maior número possível de bactérias nocivas. Portanto, em geral trata-se de uma opção boa e light, mas cuidado com os restaurantes com esteiras ou rodízios, pois neles é mais fácil cair na tentação de comer demais.

Não há muita diferença entre o sushi e o sashimi, mas a alta proporção de arroz em relação à proteína e aos vegetais do sushi dá uma leve vantagem para o sashimi, uma mera peça de peixe cru ou curado. Talvez o ideal seja pedir um ou dois sushis ou então uma pequena porção de arroz e vegetais, como edamame cru, para acompanhar o sashimi.

RESPOSTA: sashimi

Você sabia...

...que podem passar entre 15 a 20 minutos após a primeira quantidade de comida ser ingerida para que os sinais de saciedade cheguem ao cérebro? Se você costuma comer checando e-mails, tente se afastar da mesa de trabalho e saborear o que come. Isso o ajudará a diminuir o ritmo e a comer menos.

O que beber

Tomar uma grande quantidade de água na hora do almoço é uma boa ideia: dois terços do nosso corpo são constituídos de água, e a quantidade sugerida de ingestão diária de líquido é entre um litro a um litro e meio. Embora essa quantidade possa ser suprida por outros líquidos, eles talvez não sejam tão saudáveis quanto a água. Tomar apenas café ou bebidas gasosas, por exemplo, pode não ser uma boa ideia.

ÁGUA COM OU SEM GÁS?

Se você passou o dia inteiro sentado num escritório abafado ou resolvendo problemas na rua, talvez esteja desidratado. Isso pode deixá-lo com sono ou rabugento: as nossas células cerebrais precisam de água para se manter alertas. Mas, se você comprou uma garrafa de água com gás para tomar durante o almoço, e ouviu histórias de que as bebidas gasosas são ruins para a saúde, o que fazer?

As borbulhas nas garrafas de água são criadas pela adição de dióxido de carbono. Mas não é esse o mesmo gás que contribui para o temido aquecimento global? Não é verdade que as bebidas gasosas estão cheias de ácidos que corroem o esmalte dos dentes e dos ossos? A quantidade de dióxido de carbono numa garrafa de água é desprezível e provavelmente não causará nenhum dano à sua saúde. O problema no esmalte dos dentes tem a ver com o açúcar e o ácido presentes em bebidas adocicadas como refrigerantes e sucos, não com as borbulhas. Portanto, não há razão para se preocupar, exceto por um detalhe: o gás precisa ir para algum lugar — o seu sistema digestivo — e a forma como ele sai do seu corpo pode causar momentos embaraçosos no resto do dia, principalmente se você costuma ficar inchado.

RESPOSTA: sem gás

Saindo do escritório

São várias as boas razões para sair um pouco do escritório no meio do dia. Uma delas é esfriar a cabeça.

FAZER EXERCÍCIOS EM AMBIENTE FECHADO OU AO AR LIVRE?

Os ministérios da saúde de todo o mundo dizem que devemos nos exercitar pelo menos 150 minutos por semana. Se o seu ritmo de vida agitado faz com que isso pareça impossível, saiba que três doses diárias de dez minutos farão com que o seu sangue circule melhor pelo corpo e os seus músculos trabalhem. Para manter a motivação, experimente correr com um colega ou forme um grupo para jogar futebol num parque uma vez por semana. Vários estudos apontam o contato com a natureza como algo positivo, capaz de melhorar a taxa de recuperação de doentes, reduzir comportamentos antissociais e estimular a criatividade. Um estudo da Universidade de Rochester, nos Estados Unidos, sugere que a mera tinta verde de uma revista de palavras cruzadas gere melhores resultados do que a tinta vermelha. Se para você é impossível ficar ao ar livre na hora do almoço, compre um vaso de planta. Caso trabalhe em casa, pinte as paredes num tom suave de verde.

RESPOSTA: ao ar livre

ENCONTRAR-SE COM UM AMIGO OU COMER SOZINHO?

Se você trabalha muito e tem compromissos familiares ou sociais à noite, um almoço tranquilo pode ser a única hora do dia dedicada somente a você. Mas é fácil acabar caindo na rotina no horário de almoço, fazendo sempre a mesma coisa, como dar uma olhada nas vitrines ou comer no mesmo lugar.

Encontrar-se com colegas ou amigos que não vê com frequência é uma ótima maneira de manter um contato social amplo e conhecer mais gente do seu meio profissional. Aliás, se o clima no trabalho está ruim, dividir os problemas pode ajudar. E a verdade é que, quando as coisas vão mal, nada melhor do que fazer novos amigos que um dia poderão nos ajudar na procura por um novo trabalho. Se você trabalha em casa, "sair para almoçar" pode aliviar a sensação de solidão e isolamento.

Um fascinante estudo sobre os executivos mais criativos do mundo, publicado na *Harvard Business Review* em 2009, revelou que eles são conhecidos por suas excelentes "habilidades de descobrimento" e que estão constantemente em busca de novos contatos, ideias e experiências. Para eles, relacionar-se com pessoas de diferentes áreas é crucial para adquirir novas perspectivas. Portanto, se o Bill Gates consegue fazer isso...

RESPOSTA: encontrar-se com um amigo

NADAR OU CORRER?

Se você gosta de fazer exercício na hora do almoço, qual será a melhor forma de gastar a sua meia hora disponível? Pensar no que é preciso levar, nos custos e na dificuldade de acesso pode desanimá-lo. Se quiser algo simples, saiba que uma caminhada em ritmo acelerado (8 km/h) queima até 250 calorias em meia hora, o mesmo que um game de tênis. Nadar vigorosamente pode queimar até 300 calorias e é uma ótima maneira de exercitar todo o corpo, mas custa dinheiro e você terá que encontrar tempo para chegar à piscina. Para quem está atrás de uma forma eficiente de queimar calorias e é sortudo a ponto de não se preocupar com as suas articulações, correr é a melhor opção: a 12 km/h, a corrida consumirá umas 400 calorias em meia hora — quase o total de calorias de um sanduíche farto. Portanto, seria como queimar o seu almoço.

RESPOSTA: correr

Você sabia...

...que o seu smartphone ou computador podem ajudar a manter hábitos saudáveis por meio de aplicativos, tweets ou sites? Muitas dessas opções são gratuitas ou custam alguns trocados e são ótimas para quem quer melhorar sua qualidade de vida. Uma das minhas favoritas, o Sleep Pillow, tem várias músicas para ajudar a dormir, como sons de baleias e de chuva fina. Há também um rastreador de bebidas (nhs.uk) que calcula a quantidade de álcool que ingerimos. Vários sites estão repletos de informações sobre alimentação saudável ou informação nutricional de alimentos, além de oferecerem dicas de exercícios. Procure páginas de médicos, de profissionais qualificados no ramo da saúde ou de instituições conhecidas para evitar charlatanismos. Muitas dessas páginas têm fóruns dos quais podemos participar em busca de apoio moral. Várias instituições dedicadas à saúde enviam tweets que ajudam a nos manter atualizados quanto às últimas dicas e tendências.

Você sabia...

...que meros cinco minutos diários de exercício podem nos ajudar a manter a forma? O melhor é focar nos pontos que mais nos preocupam: se no seu caso é a barriga, experimente fazer abdominais. Caso tenha dez minutos, faça também agachamentos para tonificar seus membros inferiores.

USAR OU NÃO PROTETOR SOLAR?

Se você aproveita a hora do almoço para fazer exercício ao ar livre, ótimo. Porém, como o Sol é mais forte no meio do dia, especialmente no verão, não se esqueça de usar um protetor solar.

Durante o verão, os médicos recomendam duas ou três exposições diretas ao Sol, de vinte a trinta minutos por semana, nos braços e no rosto. Vinte a trinta minutos não é muito tempo, mas, a menos que você costume andar sempre com a pele coberta e siga estritamente o conselho dos médicos, aplicar um protetor solar é uma boa dica. Preste atenção ao fator de proteção UVA (um tipo de raio ultravioleta do Sol), que costuma vir marcado no frasco dos protetores. Isso é muito importante, pois é o que nos protege contra o câncer de pele — doença cada vez mais comum. Procure os fatores de proteção mais altos.

Grande parte dos produtos estampam o fator de proteção solar (FPS) no frasco ou na embalagem, e isto significa a proteção que oferece contra queimaduras. A escolha dependerá da sensibilidade da sua pele e do bronzeado que você quer ter. Não há qualquer recomendação oficial sobre um grau mínimo de FPS, mas o 15 costuma ser adequado. Na dúvida, escolha o mais alto.

RESPOSTA: usar protetor

SAINDO À NOITE

Sair à noite em boa companhia, jantar num lindo restaurante, ir ao cinema ou a um show são alguns dos prazeres da vida, principalmente após um dia estressante no trabalho, de muita agitação em casa ou de problemas com as crianças. Não é necessário que um psicólogo insista sobre a importância dos momentos de diversão, de convívio social e de novas experiências capazes de manter a nossa mente ativa. No entanto, a verdade é que as noites podem se tornar rotineiras, com muita bebida após o trabalho, muita comida de má qualidade e muitos rostos e lugares de sempre. Quando isso acontece, a nossa saúde física e mental sofre. Portanto, siga algumas regras básicas sobre comida, bebida e vida social, e as escapadas noturnas serão horas preciosas de liberdade após um dia complicado.

O que fazer

Muitos de nós passamos várias horas trabalhando sentados na frente do computador, e por isso é vital aproveitar qualquer tempo livre que surja durante a noite. Seja em encontros com amigos ou experimentando algo novo, as possibilidades são infinitas.

FAZER A MESMA COISA OU ALGO DIFERENTE?

"Hábito hedonista", eis uma deliciosa expressão cunhada pelos norte-americanos especialistas em felicidade Ken Sheldon e Sonja Lyubomirsky. Tal expressão significa que, ainda que algo nos divirta por algum tempo, logo ficamos entediados. Segundo eles, pessoas que empreendem mudanças positivas, como começar um novo hobby ou tornar-se sócio de um clube, ficam felizes por mais tempo do que as que experimentam mudanças significativas em certas circunstâncias, como receber um aumento de salário ou comprar um carro novo. A alegria por coisas assim costuma ser momentânea, mas a constante exposição a novas experiências, pessoas e ideias estimula a nossa mente e nos oferece novas fontes de prazer. Portanto, se você gosta de ir ao teatro para ver peças sérias, por que não experimentar um musical ou uma ópera? Aliás, por que não entrar num grupo teatral? Pense nisso... Participar de um grupo de leitura é uma ótima forma de descobrir um autor ou gênero novo e também de fazer amigos. Seguindo outro caminho, treinar para um triatlo poderá encorajar qualquer um a entrar em forma, experimentar uma modalidade de esporte e estipular novas metas.

RESPOSTA: algo diferente

VELHOS OU NOVOS AMIGOS?

Se você adora os seus velhos amigos, mas quer conhecer gente nova, ou mesmo um novo amor, o psicólogo Andrew G. Marshall, autor de *The Single Trap* [A armadilha da solteirice], tem algo a dizer sobre os diferentes grupos de amigos. Os grupos muito "colados" são formados por velhos círculos de amizade que contêm "gente como a gente", pessoas que procuramos em busca de apoio, segurança e afeto, como as protagonistas de *Sex and the City*. Mas tais grupos, por sua própria natureza, podem ser muito fechados e não costumam nos apresentar a ninguém novo. Os grupos "ponte" são diferentes. Você os encontrará, por exemplo, em aulas noturnas, academias de ginástica ou no colégio dos seus filhos. Eles fazem a ponte entre grupos já existentes e são uma ótima maneira de conhecer pessoas novas, caso queira expandir o seu círculo social.

RESPOSTA: novos

O que beber e comer

Quando saímos para tomar um drinque ou ir ao cinema e ficamos com vontade de comer alguma coisa, as opções não costumam ser muito saudáveis. Mas não há motivo para pânico, pois sempre é possível encontrar o que comer ou beber sem comprometer o nosso paladar ou os hábitos saudáveis.

PARA NÃO BEBER DE ESTÔMAGO VAZIO: SANDUÍCHE OU IOGURTE?

Se você já se reuniu com alguns colegas para beber algo rapidamente após o trabalho, mas acabou passando horas no bar, é provável que saiba como nos sentimos após uma noite bebendo de estômago vazio. Os profissionais da saúde recomendam que se coma alguma coisa antes de ingerir álcool, e um sanduíche pode ser uma boa ideia (mas escolha algo simples e nutritivo, como presunto e tomate num pão integral).

O ideal é manter algo à mão no trabalho para tais ocasiões, como cream crakers ou amendoins sem sal. Se você tem acesso a uma geladeira, um copo de leite ou um iogurte podem servir para forrar o seu estômago, sem gastar muito dinheiro e consumindo relativamente poucas calorias. Como as gorduras dos produtos lácteos são digeridas muito devagar, o seu estômago ficará saciado por mais tempo do que com um sanduíche. Um iogurte probiótico, com bactérias vivas, também pode auxiliar a digestão.

RESPOSTA: leite ou iogurte

Você sabia...

...que refrescos de frutas parecem muito saudáveis, mas costumam ter muito açúcar? Uma garrafa de 275ml de uma bebida de laranja pode conter 132 calorias, e uma garrafa de 330ml de refrigerante de cola costuma conter cerca de 140 calorias, além da mesma quantidade de cafeína que metade de uma xícara de café solúvel. Se você está contente ao ver que consegue manter o consumo de líquidos diários recomendados sob controle, talvez se sinta ainda melhor com uma boa dose de gim com água tônica light, que somaria cerca de 120 calorias. Quer uma dica? Dispense o gim e você ficará com a melhor opção de bebida refrescante do mercado (além da água mineral, é claro).

PIPOCA DOCE OU SALGADA?

O lanche que encontramos nos cinemas é o pesadelo dos nutricionistas: sorvetes, doces, refrigerantes, pipocas com açúcar e gordura, tudo em porções monstruosas. A pipoca é feita com um tipo de milho que se expande quando aquecido. Ela é rica em fibras, tem poucas calorias e enche o estômago. Porém, coberta de manteiga, óleo, sal ou açúcar, transforma-se num verdadeiro desastre nutricional. Se você concorda com isso, preste atenção nas próximas informações. De acordo com o site de um cinema, um balde grande de pipoca doce contém 869 calorias, 29g de gordura e 0,1g de sal. A versão salgada contém um pouco menos de calorias (812), quase a mesma quantidade de gordura e 4g de sal — quase o total da dose diária recomendada. A opção menos desastrosa seria uma porção pequena de pipoca salgada, que soma 360 calorias e 13g de gordura.

Se você adora comer algo enquanto vê um filme, por que não evitar a tentação e economizar um dinheiro levando a sua própria comida, como uma pequena barra de chocolate (de preferência com 70% de cacau ou mais), um pacote pequeno de doces ou passas, uma garrafa de água com gás ou uma caixinha de suco? Faça com que as crianças desenvolvam esse hábito e elas não ficarão loucas por *junk food* quando forem ao cinema.

RESPOSTA: uma porção pequena de pipoca salgada

Você sabia...

...que existe uma bebida gasosa oferecida por uma rede britânica de cinemas com cerca de 1.700 calorias e 100g de açúcar? Isso significa mais ou menos quatro colheres de sopa de açúcar, e é mais do que os 85g diários recomendados para crianças e dos 90g recomendados às mulheres (aos homens, a recomendação é de 120g).

AMENDOIM OU BATATA CHIPS?

Quando queremos beliscar algo num bar, o que é melhor: amendoim ou batata chips? O amendoim nos deixa saciados por mais tempo, pois contêm mais proteínas e gordura, mas quase dobra a quantidade de calorias. São cerca de 300 calorias e 25g de gordura num saco pequeno de amendoim, mas apenas 184 calorias e 11g de gordura num pacote de 35g de batatas. Caso possa escolher uma versão da batata light ou assada, você cortará uma quantidade significativa de gordura. Claro que o amendoim e a batata são bem salgados e é por isso que são vendidos em bares: com mais sede, você bebe mais. Um pacote de batata contém cerca de 0,4g de sal, um de amendoim, 0,6g.

RESPOSTA: batata chips

AZEITONA VERDE OU PRETA?

No reino dos petiscos, a azeitona é razoavelmente saudável graças à alta concentração de gordura monossaturada, além de pequenas quantidades de vitamina e outros nutrientes. A azeitona verde é menos madura que a preta, e contém menos calorias e gorduras. Dez azeitonas verdes somam cerca de 30 calorias, enquanto dez azeitonas pretas podem alcançar 70. Caso sejam servidas em azeite de oliva, a quantidade de calorias aumenta. Banhadas em salmoura, você sentirá ainda mais sede. O melhor é pedir um copo de água para acompanhá-las.

RESPOSTA: azeitona verde

VINHO OU GIM-TÔNICA?

Os ministérios da saúde do mundo inteiro indicam a quantidade limite de álcool que devemos consumir. No Reino Unido, as mulheres devem consumir duas ou três unidades diárias, no máximo, e os homens três ou quatro. No entanto, o poder de engordar das nossas bebidas favoritas não é assim tão claro. O número de calorias presentes numa bebida alcoólica depende da quantidade de álcool que ela contém, o que varia se estamos falando de vinho, de cerveja ou de um destilado. Para manter-se dentro dos parâmetros diários de consumo de álcool e calorias, faça algumas contas. Uma unidade de álcool contém 56 calorias. Uma pequena taça de vinho tinto, branco ou rosé (175ml) soma cerca de duas unidades, o que dá mais ou menos 110 calorias. Uma dose de gim (25ml), misturada a uma bebida sem calorias, forma uma unidade: 56 calorias. O gim contém menos congêneres que o vinho tinto — e os congêneres são substâncias produzidas durante a fermentação que deixam a bebida alcoólica com uma cor mais escura e supostamente contribui para a ressaca.

A quantidade de álcool e calorias presentes numa cerveja, vinho ou sidra pode variar entre 1,7 unidade e cerca de 100 calorias (uma garrafa de cerveja de 330ml) e três unidades e cerca de 170 calorias (uma caneca grande de sidra). Nas bebidas com adição de açúcar ou creme, como alguns licores, a quantidade de calorias se multiplica. Então, se você conseque se controlar e tomar apenas um gim-tônica, essa é a melhor opção, tanto no que se refere às calorias quanto ao consumo de álcool.

RESPOSTA: gim-tônica

■ **Opinião do especialista**

Uma unidade de álcool refere-se à quantidade que o seu fígado é capaz de processar em uma hora, fazendo com que nada reste em seu sistema sanguíneo. Se você tomar uma taça de vinho (250ml, três unidades de álcool), o seu corpo precisará de três horas para processá-lo. "Todo mundo deveria passar ao menos dois dias por semana sem tomar álcool", sugere o professor Ian Gilmore, presidente da Alcohol Health Alliance.

Você sabia...

...que uma garrafa de vinho com dez unidades de álcool contém 560 calorias? Para você ter uma noção: três barras de chocolate Twix, cada uma com 32g, contêm 275 calorias.

Dicas para encontros amorosos

Qualquer pessoa solteira em busca de um novo amor sabe que a melhor maneira de encontrar "a pessoa certa" costuma ser saindo de casa. Por isso, e com o número de opções cada vez maior para os solteiros, é importante seguir algumas regrinhas básicas para ter certeza de que está fazendo tudo certo.

PRIMEIRO ENCONTRO: BEBIDAS OU JANTAR?

Uma pesquisa feita pela empresa YouGov mostra que, no Reino Unido, um terço da população já usou algum tipo de agência, como as que encontramos na internet ou nos classificados, para marcar um encontro. Não há nada de errado nisso, muitos casais felizes se conheceram e continuam a se conhecer dessa maneira. No entanto, especialistas concordam que, num primeiro encontro com um estranho, não se deve sair para jantar. Você poderia se sentir preso a uma pessoa de que não gosta ou que parece assustadora. O melhor conselho é investir em algo rápido. Eles também sugerem que as mulheres marquem encontros em lugares familiares — um bar no bairro onde moram, por exemplo —, para que não se sintam isoladas num local desconhecido, e que avisem a um amigo onde estão e a que hora pretendem voltar para casa.

RESPOSTA: bebidas

TOCAR OU NÃO TOCAR?

As mulheres consideram homens confiantes e com bom status social mais atraentes que os outros; isso não é nenhuma novidade. Em termos evolutivos, homens mais imponentes serão melhores parceiros. Portanto, rapazes: tentem parecer confiantes! Segundo as experiências do psicólogo francês Nicola Guéguen, homens que tocam levemente os braços das mulheres costumam receber mais respostas positivas para um convite de encontro ou dança do que os que não as tocam. Isso porque consideramos aqueles que tocam mais dominantes do que aqueles que são tocados. Outras experiências demonstraram que somos mais propensos a conseguir algo quando tocamos o nosso interlocutor. Então, caso encontre alguém atraente por aí, saiba que um leve toque no braço talvez seja um grande passo. Porém, como nem sempre tudo dá certo, o melhor é agir com cautela.

RESPOSTA: tocar

CAMISINHA: ANTES OU DEPOIS?

Se você costuma ter relacionamentos ocasionais, não espere a coisa esquentar para tocar no assunto da camisinha. Isso é importante principalmente para as mulheres, pois as deixam mais confiantes e faz com que os homens percebam quem está no controle da situação. É muito fácil se deixar levar pelo calor do momento, e pode ser tarde demais... Estudos britânicos indicam que os portadores de doenças sexualmente transmissíveis (DSTs) costumam se preocupar menos ou talvez não saibam como negociar o sexo seguro. Portanto, coloque a camisinha antes de ter qualquer contato genital e começar a usar brinquedinhos sexuais. Segundo o site do Serviço Nacional de Saúde britânico, deve-se ter em mente que não vai rolar nada sem esse assunto ser discutido. Por exemplo, diga a si mesmo: "Não posso baixar o zíper sem antes falar sobre camisinha."

RESPOSTA: antes

Comer fora

Certa vez, fui obrigada a procurar receitas saudáveis em livros de cozinheiros famosos para escrever um texto jornalístico. Para a minha surpresa, foi complicado encontrá-las. Pratos preparados por chefs profissionais costumam ser gostosos pois são repletos de sal, açúcar e gordura. O truque para comer fora de forma saudável (o que inclui redes de lanchonetes) é saber como detectar pratos que contêm tais ingredientes e evitá-los. Porém, em vez de dar uma olhada no menu e pensar: "Meu Deus, eu não posso comer isso nem isso", procure pelo que você *pode* comer e escolha entre essas opções.

A seguir, faço duas listas das coisas a que dizer *sim* ou *não* e dou algumas dicas de como comer bem em diferentes tipos de restaurante.

No entanto, se você não está preocupado com o seu peso nem com problemas do coração, *bon appétit*!

Diga sim a...

- entradas com saladas (peça o molho à parte ou apenas um vinagre balsâmico)
- salmão defumado

- melão
- sopa rala
- carne ou peixe grelhado
- duas bolas de sorvete de baunilha ou de frutas
- pudim
- salada de frutas

Diga não a...

- porções gigantescas: embora tenha pagado por elas, você não precisa comer tudo
- cestas de pães
- porções de manteiga
- qualquer coisa com creme de leite
- qualquer coisa frita
- qualquer coisa gratinada, pois contém muita gordura
- opções vegetarianas que parecem saudáveis, mas contêm muito creme de leite ou molhos amanteigados para ficarem mais saborosas, como lasanha vegetal, quiches ou tartte-lettes.
- queijos: em molhos ou em grandes porções
- pedaços de chocolate que acompanham os cafés

CHINÊS OU INDIANO?

A comida indiana é rica em ingredientes saudáveis, com muita lentilha, vegetais e carnes magras, como frango. Mas também pode estar repleta de *ghee*, uma espécie de manteiga com bastante gordura saturada. Pães como o *puri* são fritos, por isso contêm calorias mascaradas, e há ainda mais gordura nos cremes usados nos pratos *malai* e *korma*.

A comida chinesa, pelo menos a encontrada nos restaurantes ou nos locais de entrega, também apresenta opções saudáveis, como carne magra e vegetais. No entanto, muita coisa é frita ou vem acompanhada de *noodles* feitos de amido e também de molhos, salgados e doces ao mesmo tempo, como é o caso do porco agridoce. Sabe-se que o condimento glutamato (MSG), presente na culinária chinesa, causa vários sintomas desagradáveis, incluindo náusea, dor no peito e sonolência. Isso caracteriza a chamada "síndrome do restaurante chinês", mas nem todos os estudos comprovaram a existência de tal síndrome.

Tudo depende da maneira como você escolhe seus pratos. Mas, caso consiga evitar as opções oleosas ou cremosas da culinária indiana, focando nos *dahls* ou nos vegetais com um pouco de carne ou peixe e uma pequena porção de arroz branco (o *pilau*, conhecido prato de arroz, contém gordura), a culinária indiana é a opção mais saudável. Tente preencher metade do seu prato com vegetais e a outra com proteínas magras, arroz branco e pouquíssima gordura.

RESPOSTA: indiano

PÃO DE ALHO OU BRUSCHETTA?

Você talvez responda bruschetta por causa dos seus ingredientes saudáveis: tomate cru, cebola, ervas... No entanto, numa rede de pizzarias, uma bruschetta contém 534 calorias, e um pão de alho, 238. As calorias extras da bruschetta vêm provavelmente do azeite usado para fritar o pão e dos ingredientes colocados por cima. Se você não está controlando o peso, a bruschetta será mais nutritiva que o pão de alho, mas não se esqueça de dividi-la com outra pessoa.

RESPOSTA: pão de alho

HUMMUS OU TARAMASALATA?

Neste caso, não há dúvida, a resposta é hummus... mas com moderação. A combinação de grão-de-bico, tahini (feito de semente de gergelim), azeite de oliva e alho faz o hummus ser muito mais saudável que o taramasalata. Este último é preparado com ovas de bacalhau (ricas em proteínas, mas vêm em bem pouca quantidade no prato), além de muito azeite e pão ralado, o que lhe dá uma textura adoravelmente cremosa. Tanto o hummus quanto o taramasalata engordam bastante, com cerca de 230 calorias e 23g de gordura numa porção de 50g de taramasalata, e 160 calorias e 14g de gordura na mesma quantidade de hummus. Não sei dizer exatamente que diferença existe entre o hummus normal e o light, mas a troca talvez valha a pena. Também é possível encontrar taramasalata com menos gordura, caso não consiga resistir.

RESPOSTA: hummus

SALADA COMO ENTRADA OU SÓ O PRATO PRINCIPAL?

Um breve estudo norte-americano observou que as pessoas que comem salada como entrada (uma salada bem-servida, mas com cerca de 100 calorias, e molho light), seguida de um prato principal de massa, consomem 12% menos calorias durante a refeição do que as que decidem não comer entrada. Essas pessoas economizam 100 calorias numa única refeição. Durante a semana, a redução seria bem grande. Portanto, coma a sua salada antes do prato principal! Para manter as calorias em níveis baixos, escolha saladas simples, que consistam unicamente de vegetais, como folhas verdes, tomate e pepino. Peça o molho sempre à parte, para que *você* controle a quantidade. Experimente usar apenas azeite e suco de limão, vinagre normal ou balsâmico. Caso inclua molhos cremosos ou à base de queijos, estará adicionando calorias e gorduras saturadas.

RESPOSTA: entrada

MACARRONADA OU PIZZA?

Não há nada de errado com a macarronada, o problema são os molhos cremosos, as carnes gordurosas, o queijo e o azeite que colocamos nele. Mas ela pode ser muito saudável, principalmente em porções comedidas, sem muito azeite e com bastante molho de tomate, vegetais e proteínas magras. A macarronada à marinara (com frutos do mar) é um bom exemplo, bem como à napolitano (com um simples molho de tomate).

O mesmo não pode ser dito da pizza, que é composta basicamente do amido da massa e da gordura do queijo que a cobre. Se você adicionar mais ingredientes, como algum tipo de carne, a quantidade de calorias e gordura só aumenta. Veja as opções da Pizza Hut: de acordo com a página deles na internet, uma pizza de seis fatias de muçarela com massa Pan contém 1.170 calorias e 23,4g de gorduras saturadas, já a marguerita soma 1.212 calorias e 24g de gorduras saturadas, o que é quase a quantidade total de gordura saturada diária recomendada para um adulto, sem contar o sal.

Existe uma grande diferença entre as opções de pizza. Considerando os mesmos sabores anteriores, ou seja, muçarela e marguerita, mas escolhendo a massa Fininha, os valores calóricos caem para 876 e 918 calorias, respectivamente, e a quantidade de gordura saturada também: 21g e 21,6g.

Resumindo: é mais fácil encontrar opções saudáveis de macarronadas do que de pizza. O interessante é que a página da Pizza Hut só disponibiliza as informações nutricionais por fatia, mas fornece também o número de fatias de cada pizza. Fui obrigada a fazer as contas. Que engraçado...

RESPOSTA: macarronada

KFC OU MCDONALD'S?

As duas redes fizeram um grande esforço para incluir opções mais saudáveis nos seus cardápios, como saladas, sucos, formas alternativas de frituras e, no caso do KFC, frango grelhado em vez de frito. O McDonald's, por sua vez, passou a imprimir o número de calorias de todos os seus produtos nos cardápios. Mas a verdade é que, quando entramos numa dessas lojas, não estamos preocupados se vamos engordar, só queremos satisfazer o nosso desejo. E o que é melhor: um Big Mac ou pedaços de frango frito? De acordo com a página do KFC, três pedaços de frango, batata frita e Pepsi somam 1.100 calorias. No McDonald's, o total encontrado num Big Mac, com uma porção média de batata frita e uma Coca-Cola média é de 990 calorias. Não há muita diferença entre as duas opções, mas você poderia cortar 160 calorias consumidas no McDonald's pedindo uma porção menor de batata frita e uma Coca-Cola pequena. Outra solução é optar pelo McLanche Feliz, que os adultos também podem comer. Com um hambúrguer, uma porção pequena de batata frita e um suco de laranja pequeno, você consumirá 600 calorias. E estamos falando de uma refeição, não de um lanchinho.

RESPOSTA: McDonald's

KEBAB DE CARNE OU DE FRANGO?

É possível que você já tenha comido um kebab (aquele sanduíche de churrasquinho grego) no final de uma noitada, com o estômago vazio. Mas já parou para analisar um kebab? Inspetores britânicos avaliaram quinhentos kebabs de carne e descobriram que, sem saladas nem molhos, um kebab de carne reúne em média 98% da quantidade diária recomendada de sal (6g), quase 1.000 calorias e 148% da quantidade diária recomendada de gordura saturada para um adulto (20g para mulheres e 30g para homens). "Mas era tarde da noite", você vai me dizer, "eu estava morto de fome e não tinha nada aberto". Da próxima vez, escolha um kebab de frango e você consumirá apenas 300 calorias e 7g de gordura. Caso peça o seu pão árabe recheado com salada e uma boa dose de pimenta, o que ajuda a acelerar a digestão, talvez consiga comer algo rápido e saudável.

RESPOSTA: de frango

VINHO TINTO OU BRANCO?

Recentemente, falou-se muito sobre a descoberta de que o vinho tinto faz bem à saúde, mas não escutamos nada sobre o vinho branco. Um dos chamados ingredientes mágicos do vinho tinto é o resveratrol, substância que pode ajudar a combater as doenças cardiovasculares e o câncer. A concentração dessa substância é bem maior nas uvas utilizadas na fabricação do vinho tinto do que nas utilizadas para o vinho branco (embora a quantidade nas uvas de vinho tinto também seja pequena). Porém, como o dr. Stephen Barrett deixa claro no seu respeitado site Quackwatch, grande parte da pesquisa feita sobre o resveratrol foi levada a cabo com animais de laboratório, não com pessoas. Ainda que as notícias sobre o vinho tinto sejam boas, não permita que os malefícios superem os benefícios, e não se entregue de corpo e alma ao Cabernet Sauvignon. Há alguns riscos no consumo de álcool, tais como alcoolismo e problemas no fígado, além de, ironicamente, doenças cardiovasculares e câncer.

RESPOSTA: tinto

Você sabia...

...que em 2009 os britânicos gastaram 174 bilhões de libras em comida, bebida e bufê, e que 30% desses produtos foram consumidos fora de casa? Em tempos de vacas magras, o consumo em redes de fast-food aumenta. Isso significa mais lucros para quem oferece alimentos com ingredientes baratos, repletos de gordura e açúcar.

NOITES EM CASA

É possível que você passe o dia inteiro sonhando com uma noite calma, junto à família, saboreando um prato caseiro, terminando algumas tarefas domésticas e tirando um tempo para si mesmo, para fazer coisas de que gosta... mas a realidade pode ser bem diferente. Ir ao supermercado e cozinhar podem ser atividades estressantes. A quantidade de trabalho caseiro e as horas passadas na frente da televisão podem transformar a rotina diária num drama doméstico.

No entanto, é possível aprender a descomplicar as suas compras e preparar jantares rápidos, simples e nutritivos, bem como evitar discussões e executar as tarefas domésticas de maneira eficiente. Além do mais — e quem sofre de insônia vai adorar saber disso —, também é possível ter uma boa noite de sono. Eis a fórmula.

Comprando comida

Como o preço dos alimentos não para de subir, é cada vez mais importante ser econômico na hora das compras semanais. Aqui estão algumas dicas que poderão resolver grande parte das suas dúvidas, sem deixar sua saúde de lado, é claro.

ORGÂNICO OU NÃO ORGÂNICO?

Eis um assunto polêmico, com os partidários de produtos orgânicos alardeando fatos assustadores sobre resíduos de pesticidas na comida que ingerimos. No entanto, um comunicado oficial do governo britânico disse haver pouquíssima diferença entre a composição nutricional de alimentos orgânicos e não orgânicos. Caso você se interesse pelo tema, saiba que grande parte da contaminação dos alimentos nasce da falta de higiene durante a sua produção e manipulação, o que é muito mais preocupante. Os partidários do mundo orgânico são bem mais convincentes quando o assunto é o meio ambiente e o cuidado com os animais: os métodos industriais de agricultura e criação de animais expõem a terra e as fontes de água a pesticidas químicos e fertilizantes, e os animais recebem drogas e hormônios de crescimento. Alguns produtores salientam também que os fazendeiros que decidem aderir aos métodos orgânicos têm que investir muito tempo e dinheiro.

Ainda assim, o que afasta muitos consumidores são os preços, embora uma pesquisa do Organic Trade Board tenha demonstrado que muitos alimentos orgânicos, incluindo laticínios, chá, café, pães e cereais, podem ser mais baratos do que os convencionais. Comprar produtos orgânicos em grandes redes de supermercado, por exemplo, pode sair mais barato do que em lojas especializadas.

Se você gostaria de consumir mais comida orgânica, mas não tem dinheiro para comprá-la sempre, talvez devesse comprar os alimentos básicos em sua versão orgânica, como leite e cenoura, por exemplo, pois eles não costumam ser muito mais caros que os convencionais. E por que não gastar todo o dinheiro extra que puder em alimentos de qualidade superior, como carne orgânica de primeira, uma vez por semana? Porém, se o problema é o custo, continue comprando comida não orgânica.

RESPOSTA: não orgânico

COM BAIXO TEOR DE GORDURA OU LIGHT?

Eis um bom exemplo de como os rótulos dos produtos alimentícios podem nos confundir. Dizer que uma comida é "light" significa afirmar que tem uma redução de pelo menos 30% em algum dos componentes típicos do produto em sua versão normal, como gordura ou açúcar, por exemplo. A embalagem deve esclarecer o que foi reduzido e em quanto. Por exemplo: "Light: 30% menos gordura." Caso se trate de um alimento rico em gordura, como o queijo, as suas versões light ainda podem estar repletas de calorias, e a versão light de uma marca pode conter a mesma quantidade de gorduras e calorias que a versão normal de outra.

"Baixo teor" é menos confuso. Só podemos dizer que um produto tem baixo teor de gordura quando não contém mais do que 3g de gordura a cada 100g, ou 1,5g de gordura por 100ml, no caso de um líquido. Se você não liga para a palavra "light", procure a inscrição "baixo teor". Mas lembre-se de que os fabricantes costumam substituir o açúcar por gordura para melhorar o sabor. As gorduras são essenciais na nossa dieta. Portanto, se o seu coração está em dia e você não precisa perder peso, as versões normais dos alimentos estão liberadas.

RESPOSTA: com baixo teor

"DATA DE VALIDADE" OU "MELHOR SE CONSUMIDO ATÉ..."?

A nota "melhor se consumido até" existe para indicar ao consumidor a partir de que data o alimento deixará de estar na sua melhor forma (embora continue sendo seguro comê-lo). Já a "data de validade" serve para alertar ao consumidor quando o alimento deixará de ser seguro (e costuma aparecer com mais frequência em alimentos frescos). Pesquisas indicam que apenas 25% das pessoas prestam atenção nesses detalhes. Em geral, costumamos confiar nos nossos olhos e narizes para saber se algo pode ser consumido. Se aparenta estar mofado ou cheira mal, o alimento provavelmente vai para o lixo. Não se trata de um conselho, é apenas uma observação pessoal.

RESPOSTA: data de validade

Você sabia...

...que, embora o micro-ondas use uma espécie de radiação para cozinhar os alimentos, não é suficientemente poderoso para causar estragos no seu corpo? Os raios aquecem a comida, mas não alteram a sua estrutura. Se você se preocupa, pensando que o micro-ondas é perigoso, relaxe! Aliás, ele consome menos energia do que um forno elétrico convencional e economiza tempo, pois é mais rápido. Outra maneira de ganhar tempo com o micro-ondas é utilizá-lo para aquecer restos de comida ou descongelar refeições guardadas no freezer. Por não exigir grande quantidade de gordura para cozinhar peixes e vegetais, o micro-ondas pode ser uma alternativa saudável. Mas cuidado ao tirar a comida lá de dentro: não vá se queimar! E confira se o alimento está inteiramente cozido, principalmente se for dado a crianças.

ALIMENTO CONGELADO OU REFRIGERADO?

Costumamos pensar que a comida refrigerada é mais saudável que a congelada, mas a verdade é que muitas vezes somos influenciados pela maneira como a comida é embalada e apresentada. Bandejas de comida empilhadas num congelador não costumam ser muito apetitosas, mas os alimentos refrigerados podem conter mais aditivos e estabilizadores que os congelados. Peixes e ervilha, por exemplo, são congelados tão rapidamente que costumam manter uma quantidade maior de nutrientes e permanecer mais frescos que as suas versões refrigeradas. E a comida congelada também costuma ser mais barata.

Os alimentos congelados duram mais e dificilmente são descartados antes de serem consumidos. De acordo com o grupo Love Food Hate Waste, os lares britânicos jogam fora

8,3 milhões de toneladas de alimentos anualmente, o que custa a uma família padrão com crianças mais de dois mil reais anuais, ou 170 reais mensais, além de causar sérios impactos ambientais.

Aliás, não faça careta para vegetais e frutas enlatados: milho verde, feijão, pêssego e pera são alimentos básicos que se conservam muito bem em latas. Mas escolha as frutas imersas em suco, e não em calda.

RESPOSTA: congelado

Hora do jantar

O jantar é um ótimo momento para nos reunirmos com amigos e familiares. E uma comida bem-preparada e saudável pode evitar gastos extras em restaurantes, além de manter o consumo de calorias sob controle.

JANTAR MAIS CEDO OU MAIS TARDE?

Você já deve ter ouvido falar que queimará menos calorias comendo tarde da noite e que o melhor é jantar cedo. No entanto, várias pesquisas demonstram que isso não é verdade. O que importa é *quanto* você come, não quando. Talvez quem janta tarde esteja acima do peso porque come muito durante o dia. Especialistas do sono, no entanto, advertem que comer em excesso ou ingerir muito álcool tarde da noite pode causar problemas digestivos ou interferir no sono.

RESPOSTA: mais cedo

COMER TODO MUNDO JUNTO OU SEPARADO?

Hoje, muita gente escreve sobre o abandono das refeições em família. Estamos tão ocupados trabalhando ou fazendo nossas atividades que é impossível nos sentarmos juntos. Ao que parece, isso está estragando o nosso tecido social e a nossa saúde. Alguns cientistas sociais descobriram provas de que os adolescentes que comem menos com seus familiares são mais propensos a desenvolver comportamentos de risco, como usar drogas ilícitas, fumar ou consumir álcool. Existe também certa evidência de que as crianças que comem regularmente com os pais consomem produtos mais saudáveis, mantendo uma dieta mais balanceada. No Reino Unido, quanto mais refeições em família, melhor o desempenho escolar. O que não ficou claro nas pesquisas é se as "refeições em família" estão relacionadas a outros fatores, como classe social ou orçamento familiar.

É fácil idealizar a imagem de todos sentados à mesa, saboreando uma adorável comida caseira e tendo conversas interessantes e divertidas. Mas as refeições familiares podem ser um inferno se a comida for ruim ou tudo acabar em discussão. E será que superam o prazer de atividades como o esporte ou a música?

Apesar dos interesses individuais que impedem várias famílias de passar mais tempo reunidas, é uma boa ideia tentar comer juntos, em harmonia, ao menos duas vezes por semana. E ninguém precisa se preocupar com a cozinha, sempre é possível pedir comida por telefone ou comprar algo pronto. Não importa o que comemos, o que importa é aprendermos a desenvolver nossas habilidades sociais e aproveitar ao máximo as oportunidades de estar juntos.

RESPOSTA: todo mundo junto

Você sabia...

...que um dos melhores guias para uma refeição balanceada é a roda dos alimentos? Trata-se de um diagrama que mostra uma divisão dos grupos alimentícios que devemos consumir. A divisão é mais ou menos assim: um terço para frutas frescas e/ou vegetais, outro terço para carboidratos, como pães, batata, massa ou arroz (de preferência integral). A terceira parte restante é dividida em porções iguais de proteína proveniente da carne, peixe ou legumes, e de produtos lácteos como queijo e iogurte, deixando apenas um pequeno espaço para comidas e bebidas com alto teor de gordura e açúcares. Procure uma imagem da "roda dos alimentos" no Google, imprima e cole na porta da sua geladeira (veja a imagem a seguir).

A roda dos alimentos nos mostra como balancear os grupos alimentares.

CRU OU COZIDO?

Comer frutas e vegetais crus ou beliscar amendoim pode soar "natural" e até saudável, mas o que existe por trás da dieta de comidas cruas (também chamadas de fresh food), em que nenhum alimento cozido é permitido? Um estudo alemão concluiu que, levada ao extremo, a dieta de alimentos crus pode ser nociva, principalmente à saúde do coração, pois carece de certos nutrientes essenciais. As frutas e os vegetais crus contêm muita fibra, o que pode irritar o intestino e causar flatulência. Claro que saladas e frutas fazem bem à saúde, e ninguém diria que os vegetais cozidos não são nutritivos ou deliciosos, nem que a dieta vegetariana não é saudável, mas um equilíbrio entre alimentos crus e pouco ou bastante ou cozidos é o objetivo a ser seguido.

Se você está controlando o peso, não adicione colheradas de açúcar a frutas que são doces por natureza. Tente adicionar um pouco de suco de laranja ou de maçã, ou faça experiências com canela, para realçar o sabor do que está comendo. Outros tipos de alimentos crus, como ovos, frutos do mar ou carne, podem fazer mal, e não são recomendáveis às grávidas.

RESPOSTA: cozido

BRÓCOLIS OU ESPINAFRE?

Os dois vegetais estão nas principais listas de alimentos supersaudáveis, mas, se somos obrigados a escolher entre um deles, o que fazer? O espinafre é rico em ferro, cálcio e ácido fólico — este último essencial ao desenvolvimento do feto —, além de conter várias outras vitaminas e nutrientes, mas você teria que comer muito espinafre para alcançar os benefícios: 80g de espinafre cozido é mais ou menos o equivalente a uma tigela cheia de folhas crus, ou duas colheres de sopa generosas de espinafre cozido.

O brócolis exige alguma preparação e não murcha quando é cozido, mas é igualmente nutritivo. Dois ramos de tamanho decente contam como uma porção.

A melhor solução pode ser não ferventar nenhum dos dois vegetais, pois algumas vitaminas solúveis em água poderiam se perder na fervura. Em vez disso, cozinhe no vapor ou salteie por alguns minutos. Você pode driblar o ódio que as crianças costumam sentir do brócolis apresentando-o como se fosse um sorvete de casquinha. Pegue um ramo cozido, com talo e tudo, e crave nele um pedaço de cenoura, para que fique parecendo um chocolate num sorvete, e deixe que as crianças comam com as mãos.

RESPOSTA: brócolis

Você sabia...

...que o termo "supercomida" foi cunhado nos Estados Unidos, pelo dr. Steven Pratt, no seu livro de 2003 chamado *SuperFoodsRx* [Raio X dos superalimentos]? Na verdade, o termo é confuso, pois, se você comer apenas esses alimentos, a sua dieta não será balanceada. Tais alimentos são muito bem-conceituados porque nos oferecem doses extras de vitaminas e minerais, além de nutrientes básicos como proteína, gordura e carboidrato. Os "superalimentos" são:

feijão	abóbora	tomate
mirtilo	salmão selvagem	peru
brócolis	soja	noz
aveia	espinafre	iogurte
laranja	chá	

TOMATES OU ESTATINA?

As doenças cardiovasculares são a maior causa de morte em todo o mundo, e a estatina ajuda a baixar o nível de colesterol no sangue, um fator de risco para problemas do coração. A Sinvastatina, uma das marcas de estatina disponíveis, transformou-se no remédio mais prescrito no Reino Unido, com seis milhões de britânicos tomando-o por ano, além de manter uma versão com uma dose menor vendida sem necessidade de receita. Ainda que os médicos concordem que a estatina possa ajudar quem já teve um problema cardíaco, como um ataque do coração, reduzindo a possibilidade de ter outro, ainda não se sabe se quem nunca teve esse tipo de problema deveria tomá-la. Para um pequeno grupo de usuários, os efeitos colaterais podem ser sérios.

Quando os jornais anunciaram que o licopeno encontrado nos tomates (e em outros vegetais vermelhos) é tão eficiente quanto a estatina, a notícia pareceu ótima. Porém, ainda que altas doses de licopeno possam diminuir o colesterol e a pressão sanguínea, não foram feitas pesquisas suficientes para comparar a sua eficácia frente à estatina. Claro que vale a pena comer tomate, seja cru, cozido ou até mesmo no ketchup, e uma dieta saudável pode ajudar a diminuir o risco de doenças cardiovasculares.

RESPOSTA: estatina

AZEITE DE OLIVA OU ÓLEO DE GIRASSOL?

O nosso corpo precisa de gorduras para ganhar energia e garantir importantes funções como o crescimento das células, mas algumas gorduras são mais saudáveis que outras. Tanto o azeite de oliva quanto o óleo de girassol são tidos como saudáveis, pois contêm gorduras mono e polissaturadas, e menos gordura saturada que a manteiga (a gordura saturada está associada ao colesterol alto e ao aumento do risco de problemas do coração). Quanto às calorias, as quantidades são parecidas, mas existem algumas diferenças nutricionais: o azeite de oliva é mais rico em gordura monossaturada, que ajuda a baixar o colesterol no sangue, e o óleo de girassol é mais rico em gorduras polissaturadas, que contêm ômega-3 e 6. (Para mais informações sobre gorduras, consulte a página 174.) O óleo de girassol também é rico em vitamina E, que ajuda a prevenir a degeneração das células e coágulos sanguíneos, além de melhorar o nosso sistema imunológico.

É claro que você pode usar os dois. O óleo de girassol é melhor para fritar, pois tem um ponto de ebulição mais alto, mas o azeite de oliva é mais versátil, porque serve tanto para fritar quanto para preparar saladas. Para quem pretende comprar apenas um tipo de óleo, o azeite de oliva é a melhor opção.

RESPOSTA: azeite de oliva

Você sabia...

...que o queijo parmesão tem muita gordura e sal? Por isso é tão saboroso. Por outro lado, ele também é rico em cálcio — possui quase o dobro do mineral que há na mesma quantidade de cheddar, e apenas um pouco mais de gorduras e calorias. Portanto, nas saladas e massas, o melhor é salpicar um pouco de parmesão ralado.

COZINHAR COM VINHO OU CALDOS?

Adicionar um pouquinho de vinho à panela pode parecer errado, mas parte do álcool e das calorias é queimada no processo de preparação da comida. A quantidade restante dependerá da temperatura e do tempo de preparo, além do grau de absorção do álcool pela comida. Um prato como o *bœuf bourguignon* tem menos álcool que um *crêpe suzette*, que é levemente flambado. Se você é o tipo de cozinheiro que gosta de adicionar um pouco de álcool na comida, talvez acabe bebendo mais do que imagina. Claro que o álcool realça o sabor dos alimentos, mas o mesmo efeito pode ser conseguido com caldos, ervas, especiarias, pitadas de molho inglês, soja ou vinagre balsâmico, além destas serem opções mais baratas.

RESPOSTA: caldos

PESAR AS PORÇÕES OU ADIVINHAR O PESO?

Certa vez, uma ex-colega de trabalho perdeu 2,25kg num mês sem dietas, sem fazer mais exercícios nem morrer de fome. A sua arma secreta era uma balança em que pesava a comida. Isso pode parecer o comportamento obsessivo de uma estrela de Hollywood, mas uma das razões dadas pelos especialistas para que estejamos cada vez mais gordos é o aumento das porções nos últimos vinte anos, em grande parte graças à indústria de alimentos, que nos seduz com comida processada, repleta de carboidratos baratos e gorduras que diminuem o seu custo de produção. A nutricionista Amanda Ursell destaca, por exemplo, que um simples bolinho que pesava 50g e continha 151 calorias hoje pode ser encontrado em lanchonetes com até 190g e 600 calorias. Biólogos evolucionistas acreditam que não estamos preparados para resistir à abundância de comida. Da mesma forma como faziam os nossos ancestrais que caçavam e colhiam para sobreviver, comemos o que está ao nosso alcance. A diferença é que hoje é muito mais complicado evitar a comida do que encontrá-la.

Ainda que muitos fabricantes estampem as porções sugeridas nas embalagens dos seus produtos, elas costumam ser expressadas em gramas, e quantos sabem dizer, por exemplo, que quantidade de macarrão cru equivale a 80g? A resposta: duas mãos cheias. A minha colega, que não estava com excesso de peso, apenas curiosa, ficou surpresa ao ver o quanto as porções sugeridas são superestimadas. Vale a pena tentar fazer isso como experiência por algumas semanas. Passado um tempo, você saberá de cabeça qual é a quantidade "certa".

RESPOSTA: pesar

UMA FATIA DE CHEESECAKE OU BISCOITO COM QUEIJO?

Se você fica em dúvida entre cheesecake ou biscoito com queijo, que tal analisar quem ganha no quesito calorias? Uma porção de 100g de cheesecake com creme de cassis vendido pronto no supermercado costuma ter 240 calorias, grande parte provenientes de carboidratos e gordura, e uma pequena quantidade de nutrientes, como proteína e cálcio, que vêm do queijo.

Se você preferir biscoito com queijo, saiba que 30g de cheddar contêm entre 80 e 100 calorias, dependendo do tipo. O melhor é procurar queijos com menos gordura, como os de cabra, feta e brie. Dois biscoitos integrais do tipo cream crackers, por exemplo, têm cerca de 100 calorias. Portanto, uma porção de cream cracker com queijo soma menos calorias que uma fatia de cheesecake, além de ser mais nutritiva, pois contém muito menos açúcar, uma proporção maior de nutrientes e as fibras do biscoito. Use algumas uvas como acompanhamento e estará ingerindo uma das cinco porções diárias de frutas e vegetais.

RESPOSTA: biscoito com queijo

Você sabia...

...que beber meia garrafa de vinho durante a refeição significa ingerir 250 calorias? Fazendo isso todas as noites, o resultado são 1.750 calorias semanais.

TANGERINA OU BANANA?

Qual é a fruta mais saudável de todas? Eis uma pergunta impossível de responder, pois todas nos oferecem vitaminas, fibras e outros nutrientes importantes em quantidades distintas. E a "dieta do arco-íris", que sugere a ingestão de alimentos com a maior vcariação possível de cores, tem muito a ver com isso. Mas as frutas contêm açúcar. Portanto, não estão livres de calorias. Caso coma três bananas, terá ingerido mais calorias — e menos nutrientes — do que se tivesse comido um sanduíche de presunto e tomate pois num sanduíche saudável há um equilíbrio melhor de proteínas, vitaminas e carboidratos. Baseada em informações do site weightlossresources.com, a lista que apresento a seguir registra o número de calorias em 100g de cada fruta, o que é mais ou menos o peso de uma banana grande ou uma maçã média.

Tangerina:	25,6	Kiwi:	49
Morango:	27,6	Uva:	61,5
Melão:	29,5	Laranja:	62,1
Pera:	34,7	Banana:	95
Maçã:	47,5		

RESPOSTA: tangerina

Vida doméstica

Quando o assunto é manter a casa limpa ou controlar as tensões domésticas, nem sempre é fácil estar no controle. Eis algumas dicas ótimas de como organizar bem o seu tempo e administrar um lar equilibrado e feliz.

FAZER O TRABALHO DOMÉSTICO OU CONTRATAR ALGUÉM?

São várias as boas razões para fazer o próprio trabalho doméstico. Em primeiro lugar, ele nos mantém ativos. Trinta minutos trocando a roupa de cama podem consumir 80 calorias; varrendo o chão, 120; aspirando, 110. Portanto, duas horas de limpeza doméstica podem queimar cerca de 400 calorias. Esse tipo de trabalho braçal, que não exige esforço mental, pode ser muito relaxante, principalmente se comparado a um dia de trabalho normal fora de casa.

Por outro lado, se você está tenso e exausto, não há nada melhor do que chegar na sua casa limpa e arrumada — se puder pagar, é claro. E para se manter ativo existem outras maneiras mais divertidas, ainda mais se você fizer exercício ao ar livre, aproveitando os benefícios do contato com a natureza (ver Almoço, página 77). Fazer exercício é uma atividade mais sociável do que limpar a casa, e não são poucas as provas de que é mais fácil manter o ritmo com alguém por perto, nos motivando. Amigos e um espaço verde não custam nada. Então, se você puder pagar, por que não contratar uma faxineira e se exercitar de forma mais divertida?

> **RESPOSTA:** contratar alguém

LAVAR ROUPA A 30°C OU 60°C?

Campanhas ecologicamente corretas incentivam as pessoas a lavar suas roupas com água a 30°C, e não 40°C, economizando energia e dinheiro. Mas e quanto à higiene e à saúde — a sua e a da máquina de lavar? Se você tem alergias como asma ou doenças como oxiurose, é aconselhável lavar roupa de cama, toalhas, lenços e roupa íntima a 60°C, pois assim matamos os germes, ácaros e seus ovos. Aliás, os ácaros adoram a umidade e o calor, mas morrem à luz do Sol — portanto, pendure a roupa para secar ao ar livre. Um estudo do Serviço de Saúde Pública do Reino Unido sobre os travesseiros de hospitais descobriu que um terço do seu peso era formado por ácaros e suas excreções, pele morta, bactérias e saliva. Embora todo mundo saiba que compartilhar travesseiros dissemina infecções, esse estudo descobriu que os travesseiros sintéticos não são mais saudáveis que os de penas, como costumamos imaginar, provavelmente porque os tecidos usados nos travesseiros de penas têm costuras mais justas, evitando que as penas escapem e oferecendo uma melhor barreira contra as infecções. Lave ou troque os travesseiros (não apenas as fronhas) com frequência — mesmo que não esteja nos seus planos chegar ao ponto do Ritz Carlton Hotel de Nova York, que, de acordo com o jornal *The Times*, substitui seus travesseiros de pena de ganso a cada mês.

RESPOSTA: 60ºC

VER TELEVISÃO OU JOGAR VIDEOGAME?

Certa notícia, veiculada em janeiro de 2010, causou grande alvoroço ao anunciar que uma pesquisa do jornal *Circulation* demonstrara que ver televisão aumenta o risco de morrer precocemente. Na verdade, é o comportamento sedentário em geral, não o ato de ver televisão em si, que está associado a ligeiras elevações das taxas de mortalidade por causa de doenças do coração e outros problemas. Isso inclui videogames, a menos que seja o tipo de jogo em que você participa ativamente, como Wii ou Xbox. No entanto, muitos especialistas, incluindo a criadora de jogos Jane McGonigal, argumentam que os videogames são bons para o ser humano. Segundo ela, os jogos aumentam o otimismo quando tornam possíveis coisas difíceis, despertam a curiosidade, encorajam o envolvimento ativo e nos deixam constantemente pasmados e maravilhados. Muitos jogos são sociais, podendo reunir familiares e desconhecidos em prol de um objetivo comum. E a verdade é que nunca conseguiríamos tudo isso assistindo à televisão. Por sofrer de uma doença causada por um pequeno dano ao cérebro, a PhD McGonigal chegou a inventar um jogo de computador para auxiliar a sua recuperação. Chama-se Superbetter, e é usado por centenas de pessoas, ajudando-as a lidar e se recuperar das suas doenças. (Para saber mais sobre adolescentes e computadores, veja Filhos, na página 159).

RESPOSTA: jogar videogame

Você sabia...

...que, se uma pessoa está tentando abandonar um mau hábito, como beber muito à noite ou nunca conseguir limpar a casa, manter um objetivo claro é melhor do que apenas dizer "vou maneirar com o vinho"? De acordo com o professor Richard Wiseman, da Universidade de Hertfordshire, que dirigiu uma ampla pesquisa sobre mudanças de hábitos bem-sucedidas, eis quatro coisas que devemos saber sobre criar e alcançar objetivos:

- estabeleça um objetivo geral (beber menos, por exemplo);
- desmembre o objetivo em pequenos passos (decida em que dias, na semana seguinte, você não consumirá álcool, e compre os seus refrigerantes preferidos);
- liste os benefícios associados ao seu objetivo (perder peso, brigar menos com o parceiro e economizar dinheiro, por exemplo);
- torne público (conte a um amigo ou familiar, publique na internet ou coloque um aviso no mural do trabalho, por exemplo).

DISCUTIR COM O(A) PARCEIRO(A) OU NÃO FALAR NADA?

Se você teve um dia complicado e só quer relaxar, o que encontrará ao chegar em casa poderá surtir o efeito contrário: parceiros que tomam o último gole de leite, que não levam o lixo para fora, filhos que deixam roupas e mochilas jogadas pelo chão. É comum ouvirmos que "ficamos melhor fora do que dentro de casa", mas, no livro *50 Great Myths of Popular Psychology* [Cinquenta grandes mitos da sabedoria popular], os autores (todos professores de psicologia) argumentam que ficar nervoso nos deixa ainda mais raivosos, a ponto de entrar numa discussão. Segundo eles, a raiva só é saudável quando acompanhada de soluções construtivas para um problema, algo capaz de atingir em cheio a fonte do nervosismo. O melhor é expressar o ressentimento de forma calma e firme: "Sei que você não fez de propósito, mas quando acaba com algo da geladeira e não compra mais, isso me chateia. Que tal colocarmos uma lista de compras na cozinha, para você incluir as coisas que estão para acabar?"

RESPOSTA: não falar nada

Você sabia...

...que quando os nossos parceiros ou familiares se transformam em constante fonte de irritação, escrever pode ajudar a nos acalmar? Essa técnica, estudada por especialistas norte-americanos, demonstrou que participantes que passavam vinte minutos escrevendo a razão de um ente querido significar tanto para eles aumentaram o seu grau de felicidade e diminuíram o de estresse.

ENCERRANDO O DIA

O fim do dia

Quando chega a hora de ir para a cama, diminua o ritmo e ofereça ao seu corpo o descanso merecido.

LAVAR O ROSTO COM ÁGUA E SABONETE OU COM TÔNICO?

A ideia de lavar o rosto com água e sabão nos passa a impressão de ser um hábito saudável. No entanto, embora limpe os poros, prevenindo manchas e infecções, pode acabar deixando a sua pele ressecada: o sabonete remove os óleos naturais das camadas mais superficiais da pele. De acordo com a Associação Britânica de Dermatologistas, lavar o rosto com água e sabonete pode causar dermatite, o que costuma ser doloroso ou irritante para quem tem a pele seca. Um tônico, aplicado com algodão, removerá a maquiagem e a sujeira do rosto, ajudando a manter a pele hidratada. Se você prefere água e sabonete, use logo em seguida um hidratante facial para umedecer a camada mais externa da pele.

RESPOSTA: tônico

BANHO À NOITE OU PELA MANHÃ?

Um banho matinal pode nos deixar prontos para o resto do dia, mas, se você está em busca de uma boa noite de sono, saiba que uma ducha poderá ser relaxante e ajudará a manter o seu corpo numa temperatura adequada para o descanso. Os cientistas acreditam que adormecemos melhor num quarto com temperatura entre 20°C e 24°C. No entanto, como precisamos estar relaxados durante a noite, o ideal é uma temperatura ao redor dos 17°C. (Por isso, acordamos toda hora quando sentimos calor.) Pode parecer estranho, mas saiba que tomar um banho quente ajuda no processo de resfriamento, pois a temperatura do corpo baixa depressa quando saímos do chuveiro. Um bom banho quente, mais ou menos uma hora antes de ir para a cama, é a melhor opção.

RESPOSTA: à noite

Você sabia...
>...que, quando nos sentimos sozinhos, um banho quente pode levantar o nosso astral? Uma pesquisa da Universidade de Yale concluiu que quem se sente sozinho toma banhos mais quentes e com maior frequência. As razões não são claras, mas é possível que essas pessoas estejam em busca do conforto do calor físico, que é associado à proximidade com o outro e ajuda a reduzir a sensação de isolamento social.

ANOTAR O QUE COMEMOS OU FAZER UMA LISTA DE COISAS POSITIVAS?

Os nutricionistas costumam recomendar a quem está fazendo dieta que, diariamente, anote tudo o que come. Isso faz com que a pessoa deixe de mentir para si mesma, fingindo que comeu menos. Mas essa técnica não é infalível: as anotações costumam ser pouco precisas e centenas de calorias acabam misteriosamente sumindo da contagem diária. Se você faz dieta e sente dificuldade de manter a motivação, eis uma dica: estudos mostram que passar para o papel pensamentos, acontecimentos ou sentimentos positivos nos faz sentir mais felizes, seja por relatarmos coisas boas ou imaginarmos um futuro feliz. A menos que você possa escrever: "Nossa, perdi meio quilo", uma lista de coisas legais não fará você emagrecer, mas é possível que se sinta mais feliz consigo mesmo e mais motivado em relação a sua dieta.

RESPOSTA: fazer uma lista de coisas positivas

FAZER AMOR OU DORMIR?

Casais ocupados que conciliam trabalho e filhos costumam acabar sem tempo ou energia para o sexo, chegando a parar de praticá-lo. No entanto, a falta de sexo, principalmente em relações duradouras, está associada à depressão e a problemas psicológicos: casais que não fazem amor costumam discutir mais, sentem-se estressados e inúteis, e têm baixa autoestima. Inevitavelmente, a escassez de sexo é associada ao aumento do risco de divórcio e à falência dos relacionamentos.

Uma pesquisa feita por Rosemary Besson, especialista no desejo sexual feminino, sugere que a melhor forma de superar esse problema, especialmente as mulheres, é praticando sexo. Após entrevistar centenas de mulheres, ela descobriu que o desejo não é a *causa* do ato sexual, mas sim o *resultado*. Isso acontece porque, embora as mulheres talvez não sintam desejo no início do ato sexual, ele é despertado durante o processo. Os homens, por outro lado, costumam ficar excitados pela simples *ideia* de fazer sexo, e é por isso que pornografia, roupas íntimas sensuais ou conversas picantes podem deixá-los loucos.

RESPOSTA: fazer amor

INSÔNIA: CONTINUAR NA CAMA OU SE LEVANTAR?

Com a correria do dia a dia, as pessoas se queixam da falta de sono. No entanto, cientistas que estudam o tema, como o professor Jim Horne, do Centro de Estudos do Sono da Universidade de Loughborough, são céticos quanto ao tema, e argumentam que os adultos necessitam de apenas sete, ou sete horas e meia de sono, ou um mínimo de cinco. O corpo é capaz de se ajustar às variações da quantidade de horas de sono: antes da luz elétrica, nossos ancestrais dormiam mais no inverno que no verão, principalmente em locais onde a quantidade de horas com Sol é bem diferente ao longo do ano, por isso somos capazes de lidar com uma noite maldormida.

A insônia surge de diferentes maneiras, mas em geral dificulta o pegar no sono e/ou faz com que a pessoa desperte muitas vezes durante a noite ou cedo demais pela manhã, sem conseguir voltar a dormir. Quando ocorre com muita frequência, os especialistas recomendam o uso de calmantes combinados a uma terapia cognitiva comportamental para encontrar a causa do problema. A menos que existam razões médicas para os distúrbios do sono, eles costumam surgir por causa da ansiedade — o que nos mantêm despertos durante a noite —, exacerbada por algo típico entre os insones: a preocupação com a própria insônia. Por isso os calmantes e a terapia são eficientes.

No fim das contas, a mensagem que fica é: se você não consegue cair no sono nem voltar a dormir, preocupar-se com isso só piora a situação.

Por isso o melhor é tentar se distrair com algo que prenda a sua atenção sem estimular muito o seu cérebro: contar carneirinhos, respirar fundo ou fazer passeios imaginários em jardins floridos, observando as flores detalhadamente. Se nada disso funcionar, a solução é se levantar e tentar fazer algo mecânico e repetitivo, como montar um quebra-cabeça ou passar roupa. Nem assim consegue dormir? Procure um médico.

RESPOSTA: levantar

Você sabia...

...que o ronco é motivo de piada, mas dormir com alguém que ronca não é engraçado? São várias as causas do ronco e muitas as possíveis soluções. O site da Associação Britânica do Ronco e Apneia do Sono (britishsnoring.co.uk) tem uma série de testes que quem ronca pode fazer em casa a fim de descobrir que tipo de "roncador" é, e apresenta dicas e soluções para o problema. Elas vão de aparelhos mecânicos (como as próteses que ajudam a ajustar a posição da mandíbula, permitindo a passagem do ar) a balas, sprays, mudanças de posição na cama e até possíveis cirurgias. Eu, que moro com um roncador, resolvi usar protetores de ouvido, desses que encontramos em farmácias e que abafam o som (e também são úteis em voos noturnos). Além disso, sempre tento dormir antes do meu marido.

Os roncadores que param de respirar por mais de dez segundos, mais de dez vezes em uma hora, podem estar sofrendo de apneia do sono: eles despertam com um ronco muito alto, que é a forma encontrada pelo cérebro para continuar recebendo ar. Esse problema pode gerar sérias consequências à saúde, pois o corpo não perde apenas horas de sono, mas também oxigênio. Se você acha que sofre de apneia, procure um médico: uma simples operação pode resolver o problema.

FIM DE SEMANA

O fim de semana pode ser uma terrível decepção. Você passa a semana inteira esperando por ele, e quando ele chega não vê a hora de voltar ao trabalho, na segunda-feira de manhã. É possível que tenha perdido as forças e acordado com uma terrível ressaca, ou então arrasado seus planos de se alimentar melhor, as intenções de fazer exercício e pegar leve com o cartão de crédito. Pode ser também que tensões familiares tenham criado um ambiente pesado ou que você esteja assustado com as pilhas de roupas para lavar e outras tarefas domésticas. Se você mora sozinho, é muito fácil cair na armadilha de pensar que todo mundo está se divertindo e ficar ruminando o que deu errado na sua vida. Fazer render um fim de semana é uma arte, e esta seção está repleta de dicas úteis para alcançar tal objetivo.

Cuide-se

Fim de semana! Hora de aproveitar o tempo livre e fazer um agrado a si mesmo. Tome as decisões corretas e tente fazer render ao máximo os seus dois dias longe do trabalho.

DORMIR ATÉ TARDE OU ACORDAR CEDO?

Embora seja tentador, dormir demais no fim de semana acabará interrompendo o seu padrão de sono e dificultará a tarefa de acordar na segunda-feira de manhã. Você se sentirá mais relaxado e renovado se, pela manhã, fizer algo que lhe dá prazer ou um pouco de exercício. Caso durma tarde, notará ainda mais os seus sonhos: é o tipo de sono no qual os sonhos se prolongam durante a noite.

RESPOSTA: acordar cedo

Você sabia...

...que, quando acordamos de ressaca, é muito provável que ela tenha sido causada pela desidratação? Eis alguns efeitos do excesso de álcool no corpo: dilatação dos vasos sanguíneos na cabeça, o que causa a dor; desidratação; náusea causada por um estômago irritado; e baixa taxa de açúcar no sangue. Tome um analgésico, como o paracetamol, e beba a maior quantidade de líquido possível. O melhor é beber água, já que dificilmente irritará o seu estômago, mas qualquer bebida não alcoólica serve. Assim que for possível, coma algo nutritivo e de fácil digestão, como um sanduíche leve ou uma torrada com manteiga.

Você sabia...

...que podemos ser corujas ou cotovias? Todos temos um relógio interno no cérebro. Para algumas pessoas ele anda mais rápido, e elas costumam ter mais energia no início do dia: são as cotovias. Outras têm relógios mais lentos, e costumam ser mais ativas tarde da noite: as corujas. Claro que existem variações dentro de cada tipo, e os fatores ambientais com certeza influenciam os nossos hábitos de sono, mas os especialistas no assunto acreditam na existência de um componente genético que caracteriza as corujas e as cotovias. Portanto, não há muito sentido em forçar-se a acordar mais cedo ou ir para a cama mais tarde: siga o seu ritmo natural. Mas, se você está indo dormir tarde há tempos, ou terá um longo dia pela frente, claro que vale a pena tentar dormir um pouco mais cedo para que o seu corpo "recupere o sono perdido" ou "armazene" algumas horas de sono.

CHURRASCO NO DOMINGO OU PÃO COM QUEIJO?

O churrasco no domingo é outra tradição com má reputação nutricional. Claro que a carne é gordurosa e você pode encher o prato de farofa com ovos, pão de alho e queijo coalho, o que não é uma opção saudável. No entanto, alguns pedaços de frango assados (sem pele, onde se encontra a maior quantidade de gordura) e vários tipos de vegetais, duas batatas médias assadas e molho sem gordura é algo muito diferente.

Ainda que não exista nada de errado com pão, queijo e uma saladinha, uma fatia generosa de cheddar e um pão branco crocante podem chegar às mil calorias, com muita gordura saturada e carboidratos refinados. O queijo brie pode ser uma opção melhor, com cerca de três quartos da quantidade de calorias do cheddar — mas não se esqueça de eliminar a casca, onde se esconde grande parte das calorias. Por outro lado, o pão integral é mais nutritivo e nos mantém saciados por mais tempo.

RESPOSTA: churrasco

Você sabia...

...que de acordo com um especialista do sono, o professor Jim Horne, uma xícara de café antes de um cochilo de vinte minutos nos leva a um sono reparador? Se passar dos vinte minutos, poderá dormir profundamente e é possível que desperte um pouco grogue, atrapalhando a sua noite de sono. O café vai demorar uns vinte minutos para surtir efeito. Portanto, você estará alerta quando despertar. A melhor hora para um cochilo, segundo os especialistas, é entre uma e três da tarde, após o almoço, quando sente aquela preguiça.

SORVETE OU PICOLÉ?

Eis uma dúvida cruel e tentadora num dia quente de verão, mas, se você não sabe o que escolher, lembre-se de que os picolés de frutas têm menos calorias. Claro que estão repletos de açúcar, e quanto mais tempo você demorar para chupá-los pior para os seus dentes, pois contêm muitos aditivos. Mas trata-se de uma guloseima, e os picolés de frutas costumam ter menos gordura que os sorvetes de bola. O picolé de uma marca famosa, por exemplo, contém cerca de 90 calorias e quase nada de gordura. Um sorvete de baunilha (100ml) tem cerca de 100 calorias, e a casquinha deve adicionar entre 20 e 50 calorias extras, dependendo do tipo, ao passo que um Magnum normal tem cerca de 275 calorias. Páginas como www.loveicecream.com são uma boa fonte de informação. Outra ideia é ler o rótulo do picolé. Também é possível preparar picolés mais saudáveis usando moldes, que podem ser comprados em lojas de artigos para cozinha ou pela internet, e enchendo-os de suco ou iogurte para serem congelados.

RESPOSTA: picolé de frutas

Compras

Passamos a semana inteira ralando e não há nada de errado em dedicar algumas horas do fim de semana para "compras terapêuticas". Quando fazemos isso, as horas de trabalho parecem fazer algum sentido. Mas faça compras inteligentes, pois o seu dinheiro renderá muito mais.

COMPRAR OU FAZER ALGUMA COISA?

Pesquisas demonstram que quando pedimos às pessoas que comparem como se sentem com um objeto de desejo que acabaram de comprar e com uma boa experiência recente, elas em geral dizem ter ficado felizes com as duas coisas, mas que a experiência é mais marcante. Costumamos preservar as lembranças felizes, como fins de semana fora de casa, e sempre nos esquecemos dos engarrafamentos que enfrentamos durante a viagem; já os objetos tornam-se obsoletos ou quebram. Além disso, costumamos compartilhar nossas experiências com os demais, adicionando uma dimensão social positiva ao evento. Portanto, se você está em dúvida entre comprar um CD ou ir a um show, vá ao show.

RESPOSTA: fazer alguma coisa

COMPRAR PELA INTERNET OU EM LOJAS FÍSICAS?

Embora esteja na moda comprar pela internet e as lojas de rua tenham decaído na preferência dos consumidores, a verdade é que existem interessantes fatores psicológicos por trás das nossas motivações para fazer uma coisa ou outra. Uma pesquisa com pessoas que compram pela internet, feita em maio de 2011 por uma importante empresa dos Estados Unidos, descobriu que elas estão mais atentas às promoções nas lojas do que na internet, mas que muitos preferem comprar on-line para evitar as tentações.

Em 2010, um estudo feito em laboratório pelo Instituto de Tecnologia da Califórnia sugeriu que atribuímos valor melhor às coisas que podemos tocar do que fotos ou descrições de um produto. Portanto, para evitar chegar em casa com várias bolsas repletas de ofertas "leve três pague dois" ou driblar aquele vestido lindo que você não pode pagar, o melhor é ficar em casa.

RESPOSTA: comprar pela internet

PAGAR COM DINHEIRO OU CARTÃO DE CRÉDITO?

Para a mente humana, nem sempre é um dilema pagar mais tarde por algo que nos dará uma alegria imediata. "Eu quero agora", diz a nossa mente, "e não estou nem aí para as consequências". Para neurocientistas como Jonah Lehrer, as áreas do nosso cérebro que lidam com a satisfação emocional e o pensamento racional entram em conflito na hora de pagar com o cartão de crédito por algo que não temos dinheiro para comprar. Caso o lado emocional vença, podemos acabar gastando muito mais com o cartão de crédito do que pagando em dinheiro, e é por isso que as lojas nos oferecem seus cartões.

Os neurocirurgiões também sugerem que, quando usamos cartões de crédito, os nossos cérebros não registram tantos sentimentos negativos como quando tiramos do bolso uma grande quantidade de dinheiro. Carteiras mais leves são provas do crime mais notáveis do que um mero recibo de papel. Um estudo feito por pesquisadores do Instituto de Tecnologia de Massachusetts demonstrou que somos mais propensos a comprar coisas quando encorajados a usar cartões de crédito em vez de dinheiro. E a conclusão que tiraram foi: deixe o seu cartão em casa.

RESPOSTA: dinheiro

UM PRESENTE PARA VOCÊ OU PARA OUTRA PESSOA?

As pessoas que sentem muito prazer fazendo compras sofrem do que chamamos "compras terapêuticas", e alguns estudos revelam que costumamos gastar mais quando nos sentimos mal. Caso isso se transforme em um hábito, pode virar algo destrutivo, gerando dívidas e problemas de relacionamento. Pesquisadores acreditam que as compras podem ser tão viciantes quanto o jogo ou o cigarro, pois tais hábitos alimentam as áreas dos nossos cérebros que lidam com recompensas e satisfação, o que causa um círculo vicioso.

Embora tudo indique que comprando um pequeno presente para nós mesmos ficaremos mais animados, a verdade é que comprar algo para outra pessoa costuma ser muito mais prazeroso: várias experiências demonstram que quem gasta dinheiro com outras pessoas se sente mais feliz do que gastando consigo mesmo. Os neurocientistas acreditam que as áreas do nosso cérebro que lidam com as necessidades básicas também estão relacionadas com a ajuda ao próximo. Portanto, sentir-se bem ao comprar um presente para outra pessoa pode estar relacionado à necessidade de sobrevivência em grupo dos nossos ancestrais.

RESPOSTA: para outra pessoa

Você sabia...

...que uma boa maneira de evitar voltar para casa sem os itens básicos que saímos para comprar é fazendo uma lista de compras? Coloque um quadro na cozinha onde possa escrever tudo o que precisa e peça ajuda a quem mora com você, sejam amigos ou familiares (e prepare-se para os pedidos das crianças, como sorvetes, doces, batata frita, refrigerantes...).

Não fique parado

Os fins de semana também costumam servir para realizar tarefas domésticas que passamos a semana ignorando. E caso foque nas tarefas pesadas (principalmente nas que fazem você suar), estará fazendo exercício ao mesmo tempo.

FAZER MIL COISAS AO MESMO TEMPO OU UMA DE CADA VEZ?

Se você passa o fim de semana rodando que nem peru, tentando resolver tudo ao mesmo tempo, é porque talvez acredite no mito da multitarefa. Segundo tal mito, a capacidade de passar de uma tarefa para outra é uma ótima maneira de conseguir resolver todas as pendências. Cientistas especializados no cérebro humano, como Stephen Monsell, da Universidade de Exeter, e Sophie Leroy, da Universidade de Minnesota, chamam esse processo de alternância de tarefas. Suas pesquisas sugerem que, quando alternamos várias tarefas, demoramos *mais* para completar cada uma delas. Por outro lado, quando terminamos uma tarefa, ela não interferirá na execução da seguinte: já limpamos a tarefa anterior da mente e ela não será um empecilho para seguirmos em frente. Pessoas que conseguem administrar várias tarefas ao mesmo tempo em geral estão acostumadas ao que fazem, e é por isso que conseguimos dirigir nosso carro por um caminho conhecido cantando as músicas que escutamos no rádio.

RESPOSTA: uma coisa de cada vez

LIMPAR AS JANELAS OU LAVAR O CARRO?

É um pouco deprimente conviver com janelas sujas que atrapalham a contemplação de uma linda vista ou impedem a entrada da luz do Sol. Da mesma forma, é horrível ter um carro sujo, com pedaços de papel, pelos de animais, areia ou restos de comida. Os trabalhos rotineiros de limpeza podem ser fonte de satisfação, além de bons exercícios físicos, mas limpar as janelas queima menos calorias do que lavar um carro por dentro e por fora (em média, 160 e 200 calorias por hora, respectivamente). Limpando o carro, acabamos nos movendo e nos agachando mais. Porém, cuidado ao limpar as janelas: grande parte das mortes e lesões graves causadas por acidentes domésticos envolvem quedas de escadas, principalmente quando nos esticamos em vez de mudar a escada de lugar. Portanto, se for limpar as janelas, verifique se a escada está firme no chão, num ângulo estável.

RESPOSTA: lavar o carro

PASSAR O ASPIRADOR DE PÓ OU APARAR A GRAMA?

Claro que qualquer uma dessas tarefas fará com que você se sinta uma pessoa produtiva, mas são várias as razões de por que aparar a grama (e cuidar um pouco do jardim) pode ser melhor para você. Aparando a grama você queimará cerca de 190 calorias a cada meia hora, contra 110 passando o aspirador de pó. E embora vários estudos comprovem esses dados, ninguém precisa ser psicólogo para saber que, quando estamos ao ar livre e em contato com a natureza, o nosso humor costuma melhorar.

RESPOSTA: aparar a grama

EXERCÍCIO FÍSICO: TUDO DE UMA VEZ OU AOS POUCOS?

Quando estamos muito ocupados durante a semana, parece uma boa ideia fazer uma maratona de exercícios no fim de semana, o que sem dúvida é melhor do que nada. No entanto, especialistas dizem que deveríamos nos exercitar, no mínimo, 150 minutos por semana, divididos em três blocos, e que podemos incluir não apenas atividades esportivas, mas também aparar a grama ou ir de bicicleta ao trabalho. Cinco sessões de meia hora cada também são uma boa saída. Por outro lado, duas sessões de 75 minutos de uma atividade mais pesada, como jogar futebol, podem ser suficientes. O segredo é acelerar o seu coração, ficar ofegante e suar.

Se você só pode fazer exercícios nos fins de semana, qual a melhor opção? Sem dúvida, o primeiro passo é pensar em algo que lhe dê prazer. Nunca é fácil se manter fazendo algo de que não gostamos. Mas fatores como o peso, a capacidade física e a preferência por atividades em grupo ou individuais também contam. Se você tem problemas cardíacos ou respiratórios, consulte o seu médico. Alongamentos para os músculos e articulações são muito importantes para evitar lesões. Quanto mais fora de forma você estiver, mais chances de sofrer uma lesão. Homens de meia-idade que, após anos de sedentarismo, decidem voltar a jogar futebol nos fins de semana são mais propensos a sofrer lesões nos joelhos do que marcar gols para o seu time.

RESPOSTA: aos poucos

CORRER EM TERRENO PLANO OU LADEIRAS?

Se correr é a sua atividade física preferida para manter a forma, o famoso personal trainer Matt Roberts sugere uma ladeira gramada, num parque ou numa área verde, alternando uma corrida rápida ladeira acima, durante um minuto, com uma descida mais lenta durante dois minutos, em zigue-zague, em vez de correr em linha reta. Eis uma ótima forma de melhorar a saúde do seu coração e acelerar o metabolismo — a velocidade com que o corpo queima calorias. O termo técnico para esse tipo de atividade é "treinamento em intervalos". Você alcançará os mesmos benefícios dando um *sprint* de um minuto e em seguida correndo mais devagar por dois minutos num terreno plano. Iniciantes devem começar com seis repetições; intermediários, oito; e quem estiver em forma, dez. Se você fica exausto só de pensar nisso, saiba que as atividades em grupo, como jogar basquete ou mesmo frescobol, que podem ser praticadas num parque ou na praia, envolvem minutos de intensa atividade física com períodos de descanso, embora não seja fácil reunir regularmente um grupo de pessoas determinadas a praticar essas atividades.

RESPOSTA: ladeiras

CORRER DESCALÇO OU DE TÊNIS?

Correr descalço pode parecer uma tortura, e não é uma alternativa fácil para quem está acostumado à vida nas cidades. No entanto, os nossos ancestrais fizeram isso por milênios. Hoje, a sua popularidade está aumentando, o que acontece graças à teoria, baseada numa pesquisa da Universidade de Harvard, de que os tênis de corrida fazem mal para os nossos pés. Grande parte desses calçados mascaram o impacto do pé contra o chão duro, o que potencialmente envia ondas de choque para as articulações, causando dores na canela, por exemplo. Segundo essa teoria, como apoiar o calcanhar no chão é doloroso, quem corre descalço joga mais peso para a parte dianteira da sola dos pés, mantém as pernas levemente arqueadas e pisam com mais cuidado. Eu conheço uma mulher que corre descalça e diz adorar a forma mais suave como pisa. Mas ela sempre corre em superfícies macias, como grama, nunca no asfalto, e deve ter uma visão apurada para detectar cacos de vidro e cocô de cachorro. Não há provas científicas suficientes para apoiar uma ou outra modalidade de corrida, mas, se você é novato, procure informações antes de iniciar os exercícios. Se usa tênis para correr, quando for a uma loja, procure um especialista no assunto e peça conselhos sobre o modelo mais adequado à sua necessidade.

RESPOSTA: de tênis

ARNICA OU BOLSA DE GELO?

Dizem que a arnica reduz o inchaço, as escoriações e as dores, mas, embora tenha sido o primeiro remédio homeopático a conseguir a licença da Agência Reguladora de Medicamentos do Reino Unido, não há provas científicas quanto à sua eficácia. Ela está disponível em comprimidos e cremes para tratar contusões, causadas por sangramentos em tecidos internos da pele. No entanto, o gelo é um remédio eficiente, pois reduz o sangramento, os espasmos musculares e a dor, além de prevenir o inchaço e a dormência. Nas primeiras 48 a 72 horas após o acidente, aplique gelo enrolado numa toalha úmida na área afetada por 15 a 20 minutos, em intervalos de duas a três horas, durante todo o dia. Retire o gelo se for dormir e não deixe que entre em contato direto com a pele, pois ele pode provocar queimaduras. Maratonistas como Paula Radcliffe e o comediante Eddie Izzard costumam submergir o corpo em banheiras de gelo para reduzir a inflamação e o inchaço, mas uma bolsa de gelo costuma estar mais à mão dos meros mortais, como nós.

RESPOSTA: bolsa de gelo

ENERGÉTICOS E ISOTÔNICOS OU SUCO DE FRUTA?

Todo mundo sabe que quando gastamos muito fluido corporal fazendo exercícios pesados, principalmente em dias quentes, precisamos nos hidratar. Mas as chamadas bebidas energéticas costumam estar repletas de açúcar e cafeína. Leia os rótulos antes de comprar. Meio litro de uma marca conhecida de bebida energética, por exemplo, contém 140 calorias e cafeína. A mesma quantidade de um isotônico famoso contém 135 calorias e nenhuma cafeína. Não é recomendável oferecer bebidas com cafeína às crianças, e saiba que você pode preparar uma versão mais barata de bebida energética em casa: misture duas porções de água com uma de suco de fruta. Se você passa muitas horas se exercitando, uma pitadinha de sal recuperará o que perdeu suando.

RESPOSTA: suco de fruta

ARREPENDER-SE OU DEIXAR PARA LÁ?

Os fins de semana podem parecer eternos, ainda mais quando moramos sozinhos. Sem a distração do trabalho, sobra muito tempo livre para pensar no que está dando errado na nossa vida. Mas os arrependimentos podem ser úteis e nos ajudar a perceber o que é importante para nós. Em vez de encará-los como algo negativo, use-os para determinar o seu futuro. Se você está arrependido por não ter aceitado um trabalho, pergunte a si mesmo se o trabalho era importante para você. O que você acha que perdeu? Aproveite para pensar nas suas qualidades e no que você quer da vida. Em geral nos arrependemos de uma decisão "equivocada" ou de não termos tomado decisão nenhuma. No futuro, reflita, confie na sua intuição e aceite que nenhuma decisão é "errada", mas apenas uma maneira de descobrir o que você quer de verdade.

RESPOSTA: deixar para lá

FILHOS

Cuidar de uma família, especialmente se ao mesmo tempo temos um trabalho agitado, demanda um esforço enorme. Tentar manter uma boa qualidade de vida e administrar as tarefas domésticas e as necessidades pessoais podem nos levar à exaustão. E os conselhos de como criar os filhos são tão conflitantes que nos deixam loucos. Nesta seção, apresento dez sugestões básicas e testadas, baseadas nas opiniões de especialistas e na minha própria, que sou mãe e trabalho fora o dia inteiro.

Bebês e crianças pequenas

Manter as crianças felizes sem fazer tudo o que elas querem e não se deixar levar pela sensação de incompetência por não sermos a mãe ou o pai perfeito podem nos ajudar a permanecer com a cabeça no lugar.

PAPINHA COMPRADA PRONTA OU FEITA EM CASA?

Sim, você sabe que deveria preparar vários pratos caseiros e nutritivos para os seus filhos e deixar sempre porções extras no congelador para toda a semana, mas na casa de pessoas ocupadas isso pode ser muito complicado. Talvez você prefira passar o seu tempo livre brincando com os filhos, e não descascando vegetais orgânicos e preparando potinhos para serem congelados.

Algumas pessoas ainda olham com desconfiança para os alimentos industrializados destinados a bebês, mas em países como o Reino Unido a preparação de alimentos para crianças com menos de um ano é extremamente regulada. Nenhum corante artificial, conservante ou adoçante é permitido. Os níveis de açúcar e sal devem ser mantidos ao mínimo. O uso de pesticidas também é controlado. É verdade que esses alimentos perdem algumas vitaminas, pois são aquecidos para matar bactérias e aumentar sua vida útil, mas isso não afeta os demais nutrientes.

Para crianças maiores de um ano, as regras são menos rígidas. Leia os rótulos com atenção e só compre o que achar bom. Cuidado com o excesso de açúcar, sal, aditivos e gordura saturada.

RESPOSTA: papinha comprada pronta (quando necessário)

DEIXAR QUE OS BEBÊS CHOREM OU RECONFORTÁ-LOS?

Eis um tema altamente discutível e emocional, mas um dos grandes desafios de muitos pais de primeira viagem é ter de lidar com a interrupção do sono. Se você não trabalha e pode dormir durante o dia, como fazem os bebês, não será tão complicado lidar com um filho que não dorme a noite inteira. No entanto, se você trabalha, pode ser uma questão complicada.

Alguns especialistas dizem que deixar os bebês chorarem pode ser prejudicial a longo prazo, pois, fazendo isso, seus cérebros são expostos a altos níveis de hormônios do estresse. Mas outros, como a professora Tanya Byron, num artigo escrito para o *Times* em outubro de 2010, afirmam que os estudos que dão base a tal argumento foram feitos em ambientes desfavoráveis, como orfanatos.

Para qualquer pessoa, é terrível deixar um bebê chorando por horas a fio, mas alguns pais não conseguem escutar os seus filhos chorando que os reconfortam imediatamente. Após meses sem uma boa noite de sono, esses pais acabam aderindo ao "choro controlado", que consiste em deixar o filho chorar até voltar a dormir, ou dar uma olhada no bebê de tempos em tempos, em intervalos cada vez maiores, até que ele caia no sono sozinho. Os pais que cedem, dando atenção aos filhos logo que começam a chorar, ficam com "pequenos imperadores" dentro de casa.

O conselho da minha mãe era deixar o bebê chorar na cama por uns vinte minutos, no máximo, e conseguir diferenciar o choro alto e exigente do choro estressado, que indica algo errado. Eu segui o seu conselho, e também o conselho dos amigos que me falavam sobre a importância de estabelecer uma rotina noturna: comida, banho, história, música, cama. Sempre. Os meus dois filhos dormiam direto das onze da noite até mais ou menos as cinco da manhã.

RESPOSTA: deixar que chorem (por um período curto)

BEBÊS NA CAMA OU NO BERÇO?

Assim como deixar ou não um bebê chorar, eis outro assunto controverso e emocional. O conselho oficial do Departamento de Saúde do Reino Unido é que os bebês devem dormir num berço, no quarto dos pais, durante os seis primeiros meses — a menos que os pais fumem no quarto, e assim, eles devem passar a noite em outro cômodo da casa. Eles precisam dormir de barriga para cima, o que reduz o risco da síndrome da morte súbita infantil, e os seus pés devem tocar o pé do berço, com os lençóis no máximo na altura dos ombros. O perigo de dormir com o bebê na sua cama é que ele pode ser asfixiado por causa dos seus movimentos ou sentir muito calor, o que também gera risco da síndrome da morte súbita infantil. No caso dos pais ingirirem bebida alcoólica, o bebê também deve ser mantido em outro cômodo.

Quando se está amamentando, aninhar-se com o filho na cama à noite é uma delícia, e também tentador se estamos exaustas e não queremos nos levantar várias vezes durante a noite para alimentá-lo. Mas algum dia será complicado interromper esse hábito e poderá acabar criando uma barreira entre a mulher e o parceiro, o que pode levar a problemas de relacionamento.

RESPOSTA: no berço

CANUDINHO OU PEQUENOS GOLES DE BEBIDA?

Como o açúcar e os ácidos dos sucos de fruta e refrigerantes são nocivos para os dentes das crianças (e também para os nossos), os dentistas recomendam que tais bebidas só sejam consumidas na hora das refeições e usando canudinho, quando as crianças souberem usá-lo, para reduzir o contato do líquido com os dentes.

RESPOSTA: canudinho

MILK-SHAKE OU SORVETE?

A mera presença do "leite" faz qualquer coisa parecer saudável, mas, se a escolha é entre um milk-shake industrializado e duas bolas de sorvete, a segunda opção costuma ser mais saudável. É complicado saber exatamente o que existe num milk-shake, fora o leite, mas em geral ele contém xarope açucarado. Os milk-shakes também costumam vir em tamanhos grandes, já o sorvete pode ser de apenas uma bola. Há um milk-shake nos Estados Unidos com sorvete de chocolate e creme de amendoim, que chega a duas mil calorias e tem a mesma quantidade de gordura saturada que 25 fatias de bacon. As quantidades variam muito de um fabricante para outro, mas no McDonald's, por exemplo, uma casquinha de baunilha tem 192 calorias e um milk-shake de chocolate pequeno, 367.

Aprenda a preparar suas versões caseiras de milk-shake, mais saudáveis, misturando leite, algumas frutas, como banana ou morango, e gotas de extrato de baunilha.

RESPOSTA: sorvete

Você sabia...

...que são poucas as provas científicas que sustentam a teoria de que oferecer açúcar às crianças pode provocar hiperatividade? Se alguma vez você foi buscar os seus filhos numa festa e notou que estavam agitados, deve ter escutado outros pais reclamando e culpando o açúcar. Embora em festas infantis o açúcar presente no bolo, nos docinhos e nas bebidas realmente dê muita energia, a razão de tanta agitação pode ser a própria festa, e algumas vezes os pais (e principalmente as outras pessoas) notam as crianças "hiperativas" quando elas não estão. Uma possível explicação para isso é que os açúcares refinados e os carboidratos, tal como podemos encontrar nas comidinhas de festas, são rapidamente absorvidos pelo organismo, aumentando o nível de açúcar no sangue. Isso também aumenta a produção de adrenalina, deixando as crianças mais ativas. Quando a adrenalina abaixa, elas diminuem o ritmo.

UMA ATIVIDADE ESPORTIVA OU VÁRIAS?

As crianças precisam de muito exercício para dar vazão à energia, manterem-se saudáveis e no peso ideal, e alguns pais sonham em ver os filhos ganhando torneios internacionais de tênis ou natação. Mas as crianças deveriam fazer vários esportes ou apenas um?

A recomendação do governo do Reino Unido é que as crianças com menos de cinco anos capazes de andar sozinhas pratiquem atividades físicas diárias durante pelo menos 180 minutos (três horas), divididas durante o dia, dentro ou fora de casa. Elas precisam se cansar com exercícios como correr, andar de bicicleta e dançar. Crianças e adolescentes dos cinco aos 18 anos devem praticar ao menos sessenta minutos diários de atividades físicas aeróbicas, como caminhar rapidamente ou brincar no parquinho, correr ou fazer aulas de caratê. Devem também praticar atividades que fortaleçam os músculos (como ginástica ou dependurar-se no trepa-trepa de parquinhos) e ossos (como pular corda ou jogar futebol).

RESPOSTA: várias

Você sabia...

...que não há nenhum problema em deixar as crianças verem televisão? São vários os programas infantis divertidos e interessantes, e sentar-se no sofá para assistir a um filme ou a uma série é uma ótima maneira de passar um tempo em família. No entanto, não faltam provas de que o excesso de televisão é ruim. Muitas horas passadas diante da televisão aumentam o risco de obesidade infantil, e ver televisão à noite quando os pais estão dormindo, principalmente adolescentes que têm o aparelho no quarto, pode bagunçar a rotina do sono. Crianças que ficam zapeando podem acabar com dificuldade de concentração. Da mesma maneira como fazem com os videogames, os pais devem controlar o tempo frente à televisão estabelecendo regras para o que e quando as crianças devem assistir. Não se esqueça de que é você quem manda. Quando seus filhos já forem grandes o suficiente, deixe que analisem a programação disponível para depois decidir, com todos, o que podem ou não ver. O mesmo vale para os jogos de videogame.

Adolescentes

Conviver com adolescentes nem sempre é fácil, mas dar-lhes algumas liberdades aqui ou ali contribuirá para uma vida mais feliz em casa.

COMPUTADOR E TELEVISÃO NO QUARTO OU NA SALA?

Pais que já surpreenderam os filhos enviando mensagens de texto altas horas da madrugada ou caindo no sono com iPods ligados não ficarão surpresos com o resultado de recentes pesquisas feitas com adolescentes entre 12 e 16 anos: 98% deles têm algum aparelho eletrônico no quarto. Especialistas temem que os adolescentes não estejam dormindo as oito horas diárias recomendadas, o que causa efeitos nocivos à saúde e à capacidade de concentração na escola. Adolescentes que dormem pouco tendem a desenvolver sobrepeso, pois comem alimentos com muito amido para conseguir energia durante o dia. Alguns estudiosos, como a professora Susan Greenfield, da Universidade de Oxford, acreditam que a maneira como os adolescentes lidam com as mídias digitais, alternando constantemente entre fontes de informação e entretenimento, pode afetar o desenvolvimento do cérebro. Uma das consequências pode ser a falta de habilidade para se comunicar e para pensar de forma abstrata.

A internet, com suas inegáveis atrações e vantagens, permite aos adolescentes o acesso a temas que os pais talvez julguem inapropriados à idade (e talvez isso seja o que mais preocupa), além do risco de ser enganado por um desconhecido. Agora que os smartphones permitem aos adolescentes navegarem quando e onde quiserem, é mais complicado manter o controle. A solução mais fácil é tentar manter os aparelhos em áreas comuns da casa. Pelo menos você terá uma ideia do que estão acessando e por quanto tempo. Costuma ser mais construtivo combinar com os filhos algumas regras básicas sobre o tempo de uso do computador do que proibi-lo. Na minha casa, os "domingos sem aparelhos eletrônicos" são um ótimo descanso dos tablets, videogames e demais mídias digitais, o que só é interrompido pela necessidade de acessar a internet para tarefas escolares ou por programas de TV e DVDs a que tentamos assistir juntos.

RESPOSTA: na sala

DORMIR ATÉ MAIS TARDE OU ACORDAR CEDO?

Se você está tentando colocar a arrumação em dia no fim de semana, pode ser irritante saber que o seu filho adolescente ainda está dormindo na hora do almoço. Mas neurocientistas como o professor Russell Foster, da Universidade de Oxford, acreditam que os relógios biológicos dos adolescentes são diferentes dos de crianças e adultos, e que por isso eles dormem e acordam mais tarde naturalmente. Experiências mostram que os adolescentes ficam mais despertos no final do dia. Acordá-los cedo é fazer com que fiquem num estado próximo ao de *jet lag*, diz o professor Foster — e muitos pais de adolescentes sabem do que estou falando. De acordo com o *Times*, uma escola secundária inglesa, atenta a esse fato, passou o início do dia letivo para as dez da manhã. O resultado foi uma melhora do rendimento dos alunos.

RESPOSTA: dormir até mais tarde

E finalmente...

DIZER SIM OU NÃO?

Qualquer pessoa que cuide de crianças de qualquer idade sentirá a dor de dizer não a intermináveis pedidos de batata frita, doces, refrigerantes, idas ao cinema e lanchonetes ou horas frente ao computador e à televisão. De vez em quando, é divertido criar um "dia do sim", quando você se permite dizer sim a quase tudo. Feriados, aniversários ou outras ocasiões especiais são um bom momento para fazer isso. As crianças vão adorar. Ainda que se divirtam muito fazendo o que querem, entenderão que você não pode dizer sim a tudo, o que se torna parte da diversão.

RESPOSTA: dizer sim (de vez em quando)

INFORMAÇÕES SECRETAS SOBRE NUTRIÇÃO

Se você está controlando o peso ou tentando cortar gordura, açúcar e sal (que causam problemas como doenças cardíacas, diabetes e câncer, quando consumidos em excesso), nada melhor do que ler os rótulos dos alimentos. No entanto, embora quase todas as embalagens tragam informações impressas, elas costumam ser um pouco confusas. Até aqui, nenhuma surpresa.

Para ajudá-lo a entender o mundo dos rótulos de alimentos, este capítulo apresenta algumas informações básicas para ficarmos de olho no que realmente interessa.

Ingestão Diária Recomendada (IDR)

As IDRs são as sugestões oficiais da quantidade de certos nutrientes que adultos e crianças saudáveis devem ingerir diariamente. A tabela seguinte nos oferece informações básicas importantes:

	Mulheres	Homens	Crianças
Kcal (calorias)	2.000	2.500	1.800
Proteínas	45g	55g	24g
Carboidratos	230g	300g	220g
Açúcares	90g	120g	85g
Gorduras	70g	95g	70g
Gorduras saturadas	20g	30g	20g
Fibras	24g	24g	15g
Sódio*	2,4g	2,4g	1,4g
*Equivalente de sal	6g	6g	3,5g

As verdades sobre as gorduras

- Um grama de qualquer tipo de gordura contém 9 calorias. É o dobro da quantidade encontrada em proteínas e carboidratos. Embora as gorduras nos deixem saciados, cortar o seu consumo é uma maneira eficiente de emagrecer.
- Alimentos com muita gordura incluem queijo, manteiga, carne vermelha, bolos, tortas e doces.
- O nosso corpo necessita de gordura, muito importante para a produção de células e hormônios. A IDR para o consumo de gordura é de 70g para mulheres e crianças e 95g para homens. No entanto, algumas gorduras podem ser mais úteis que outras.
- As gorduras monossaturadas, encontradas em vários grupos alimentares, são boas para a saúde do coração e ajudam a regular a taxa de açúcar no sangue.
- As gorduras poli-insaturadas estão presentes em vários alimentos de origem vegetal e, assim como as monossaturadas, fazem bem ao coração.
- As gorduras saturadas são encontradas principalmente nos animais. Embora essenciais ao nosso corpo, em altas quantidades podem elevar o nível de colesterol no sangue, aumentando o risco de problemas do coração. A gordura saturada também é encontrada no azeite de dendê, muito

utilizado nos alimentos processados, e no azeite de coco, muito comum nas culinárias asiática e caribenha. A quantidade diária recomendada de gordura saturada é de 30g para homens e 20g para mulheres. Saiba que um pacote de 30g de chocolate contém cerca de 20g de gordura saturada.

- Acredita-se que as gorduras trans são mais perigosas ainda. Elas são encontradas em pequena quantidade nas gorduras animais, mas nós a consumimos sobretudo em alimentos processados, como biscoitos e bolos. As gorduras trans surgem com a "hidrogenação", processo que transforma líquidos em gorduras sólidas. As informações nutricionais, incluindo as gorduras trans e óleos hidrogenados, devem estar impressas nos rótulos dos alimentos. Procure por eles quando fizer compras. Grande parte dos supermercados, preocupados com a saúde dos consumidores, retiraram as gorduras trans dos seus produtos. Na verdade, no Reino Unido, por exemplo, consome-se menos de 5g diárias de gorduras trans, e a preocupação é dirigida a quem come muito alimento processado, como bolos, biscoitos e tortas.

As verdades sobre o sal

- O excesso de sal em nossa dieta pode causar o aumento da pressão sanguínea, o que está relacionado às doenças cardiovasculares.
- A quantidade diária de sal recomendada para um adulto é de 6g (cerca de uma colher de chá).
- Alguns rótulos estampam a quantidade de sódio, não de sal. Para convertê-la para sal, multiplique por 2,5.
- Produtos com baixo teor de sal contêm apenas 25% menos sal do que a sua versão normal, o que pode continuar sendo uma taxa significativa.
- Alguns alimentos são obviamente ricos em sal, como batata chips, amendoins salgados e comidas conservadas em salmoura. No entanto, não é fácil detectar a quantidade de sal presente em alimentos comprados prontos. Por exemplo, um miojo contém cerca de 50% do valor diário recomendado aos adultos de sódio e consequentemente de sal.

As verdades sobre o açúcar

- Há vários tipos de açúcar, que pode ser definido como uma forma de carboidrato. Alguns são encontrados naturalmente em frutas e laticínios, outros são adicionados a bolos, doces e bebidas. Precisamos tomar cuidado com o açúcar refinado encontrado nas comidas industrializadas, pois seu consumo em excesso provoca obesidade e seus consequentes riscos à saúde.
- Os rótulos de alimentos podem ser confusos, pois alguns estampam apenas a quantidade de carboidratos (mesmo em formas mais saudáveis, como grãos de cereais ou legumes), e parece impossível descobrir o conteúdo de açúcar. Mas dê uma olhada em "açúcares" logo abaixo de carboidratos para descobrir o valor correto.

Alto ou baixo?

Os rótulos de alimentos muitas vezes apresentam suas informações nutricionais para cada 100g do produto, o que não é muito útil. A tabela a seguir servirá para que você escolha as opções mais saudáveis:

	Alto (mais de... a cada 100g)	Baixo (menos de... a cada 100g)
Gordura	20g	3g
Gordura saturada	5g	1,5g
Sal	1,25g	0,25g
Açúcar	15g	5g

Vitaminas e minerais

Se você é um adulto saudável e come alimentos variados, provavelmente não precisa tomar suplementos alimentares. A vitamina D é a única que não conseguimos em quantidade ideal na alimentação, pois a sintetizamos pela exposição da nossa pele à luz do Sol (ver Almoço, página 77). No entanto, quem se alimenta mal e exclui certos alimentos como trigo, laticínios, carne e peixe da sua dieta pode precisar de suplementos para não ficar sem nutrientes essenciais.

Na União Europeia existem recomendações oficiais quanto à quantidade de ingestão diária de vitaminas e minerais, mas elas variam para mulheres e grávidas que estejam amamentando, crianças com menos de seis anos e pessoas com mais de 65, além de quem tem certos problemas de saúde. Esses devem consultar um médico. Procure mais informações sobre suplementos no capítulo Hora do Café da Manhã (nas páginas 35-48). Faça um exame de sangue completo e apresente o resultado ao médico. A maioria das pessoas ingere suplementos vitamínicos sem necessidade (e gastam dinheiro com algo que não precisam).

Agradecimentos

Consultei muitos sites, livros e artigos durante a minha pesquisa: uma lista completa (eu espero) está nas próximas páginas. Voltei a várias fontes repetidas vezes, pois me pareceram completas, confiáveis e bem-escritas. A Cochrane Collaboration oferece resumos bem úteis de estudos médicos, e a PubMed Health nos dá acesso a milhares de pesquisas. Quanto a informações de saúde, o nhs.uk é uma excelente fonte oficial britânica, e a sua seção Behind the Headlines deve ser lida por todos que procuram evitar as modas tão comuns em algumas reportagens sobre saúde e bem-estar. O livro *59 Seconds: Think a Little, Change a Lot* [Pense um pouco, mude muito], do professor Richard Wiseman, é um trabalho completo e acessível sobre pesquisas psicológicas, bem melhor que a maioria dos livros de autoajuda. O blog da British Psychological Society é excelente e resume as últimas novidades e descobertas.

Por fim, agradeço a todos os meus colegas que trabalharam e trabalham na seção Body&Soul, do *Times*, dedicada à saúde e à ciência, e especialmente a Amanda Ursell.

Agradecimentos

Fontes consultadas

A
Academia Norte-Americana de Dermatologia
Allen, David, davidco.com
answers.com
Associação Britânica de Dermatologistas
Associação Britânica de Quiropodistas e Pedicuros
Associação Britânica do Ronco e Apneia do Sono
Associação Dental Britânica
Associação Dietética Britânica

B
bbc.co.uk/health
BBC TV
Besson, Rosemary
bmjbesthealth.com
British Heart Foundation
British Liver Trust
British Psychological Society Research Blog
BURKEMAN, Oliver. *Help! How to Become Slightly Happier and Get a Bit More Done*. Edimburgo: Canongate Books, 2011.
Byron, Tanya, professora

C
caloriecount.about.com
caloriesperhour.com

Centro de Estudos do Sono na Universidade de Loughborough
Clarke, Jane
Cochrane Collaboration

D
Daily Telegraph
DEFRA
Departamento de Meio Ambiente, Alimentação e Assuntos Rurais do Reino Unido
Departamento de Saúde do Reino Unido
direct.gov.uk

E
ESA research

F
Food Standards Agency
Foster, Russell, professor
Foundation for the Study of Infant Deaths

G
Godson, Suzi, moresexdaily.com
Goldacre, Ben, badscience.net
Googlescholar
Grunfeld, Nina, lifeclubs.co.uk
Guardian

H
Health on the Net Foundation
Health Protection Agency
Horne, Jim, professor
howstuffworks.com

L
LEHRER, Jonah. *The Decisive Moment*. Edimburgo: Canongate Books, 2009.
LILLENFELD, Scott O. et al. *50 Great Myths of Popular Psychology*. Malden: Wiley Blackwell, 2010.

livestrong.com

M
Marshall, Andrew G.
mayoclinic.com
McGonigal, Jane
Medline Plus
menshealth.co.uk
Murcott, Anne, professora

N
National Society fot the Prevention of Cruelty to Children (NSPCC)
netdoctor.co.uk
New Scientist
nhs.co.uk

O
Organização Mundial de Saúde

P
patient.co.uk
psychologicalscience.org
Psychology Today

Q
quackwatch.com

R
READER'S DIGEST ASSOCIATION. *5 Minute Health Boosters.* Londres: 2010.
Roberts, Matt
Royal Society for the Prevention of Accidents (RoSPA)

S
Serviço de Saúde Pública do Reino Unido
Serviço Nacional de Saúde Britânico
Sleep Council
straightstatistics.org

T
Times

U
Ursell, Amanda

W
webmedmd.boots.com
weightlossresources.co.uk
Wikipédia britânica
WISEMAN, Richard. *59 Seconds: Think a Little, Change a Lot*. Londres: Macmillan, 2009.

Z
ZINCZENKO, David; GOULDING, Matt. *Eat This, Not That*. Nova York: Rodale, 2009.

Produção
Adriana Torres
Ana Carla Sousa

Produção editorial
Anna Beatriz Seilhe

Revisão
Luana Luz
Rosana Alencar

Diagramação
DTPhoenix Editorial

Este livro foi impresso no Rio de Janeiro,
em 2014, pela Edigráfica, para a Agir.
A fonte usada no miolo é Iowan Old Style, corpo 10,5/14,5.
O papel do miolo é avena 80g/m², e o da capa, cartão 250 g/m².